DAS WISSENSCHAFTSMUSEUM

Glenn Murphy

Warum ist Schnodder grün?

und andere extrem wichtige
Fragen aus Forschung und Technik

Glenn Murphy
studierte Wissenschaftskommunikation am
London Imperial College of Science, Technology and Medicine.
Er schrieb »Warum ist Schnodder grün?«, sein erstes
populärwissenschaftliches Buch, während er am
Science Museum in London arbeitete.
2007 wanderte er aus in die USA. Er lebt und arbeitet heute in
Raleigh, North Carolina, zusammen mit seiner Frau Heather
und einer launischen Katze, die ständig zunimmt.
»Warum ist Schnodder grün?« stand auf der Auswahlliste
für die Blue Peter Book Awards 2007 in der Kategorie
»bestes Sachbuch« und für den Royal Society Prize
for Science Books Junior Prize 2008.

DAS WISSENSCHAFTSMUSEUM

Glenn Murphy

Warum ist Schnodder grün?

und andere extrem wichtige Fragen aus Forschung und Technik

Mit Illustrationen von Mike Phillips

Aus dem Englischen übersetzt von Helen Seeberg

Arena

Dieses Buch ist Heather
und dem Fuzzball gewidmet.

FSC
Mix
Produktgruppe aus vorbildlich bewirtschafteten Wäldern, kontrollierten Herkünften und Recyclingholz oder -fasern
Zert.-Nr. SGS-COC-003210
www.fsc.org
© 1996 Forest Stewardship Council

Die Originalausgabe erschien 2007 unter dem Titel
»Why is snot green? And other extremely important questions
(and answers) from the Science Museum«
bei Macmillan Children's Books, London.

1. Auflage 2010

Illustrationen: Mike Phillips
Covergestaltung: Frauke Schneider
Übersetzung aus dem Englischen: Helen Seeberg
Gesamtherstellung: Westermann Druck Zwickau GmbH
ISBN 978-3-401-06557-1

www.arena-verlag.de

Inhalt

Dank an

Damon und Gaby, die mich als Erste dazu ermutigt haben,
dieses Buch zu schreiben

Karen, die mir die Zeit dafür gab

Dr. Peter Morris, Alison Boyle, Alice Nicholls,
Dan Albert und alle anderen am *Science Museum*, die mir
ihre Unterstützung, Ermutigung und Anmerkungen schenkten

Nina Davies, Professor Alun Williams und Dr. John Hutchinson
vom Royal Veterinary College

Dr. Dave Reay von der Edinburgh University

Roger (Schön, dass du wegen mir ein paar
U-Bahn-Haltestellen verpasst hast, Kumpel)

The Mitcham Massive (Hurra!)

Familie Witt und Familie Murph

Alles Liebe Euch allen!

Einführung

Dies ist ein Buch über die Wissenschaft und es ist ein Buch über Antworten. Die Antworten auf viele der verrückten Fragen, die du irgendwann schon einmal stellen wolltest . . . aber dann irgendwie doch nie dazu kamst. Und genau darum geht es im Prinzip in der Wissenschaft: um unbeantwortete Fragen.
Viel zu oft lassen sich die Leute davon abhalten, etwas Wissenschaftliches zu lesen, weil sie denken, dass es zu schwer zu verstehen ist oder auch zu langweilig, um sich damit rumzuschlagen. »Außerdem«, sagen sie, »kennen die Wissenschaftler auch nicht alle Antworten.«
Sie haben recht. Alle Antworten kennen die Wissenschaftler nicht.
Aber ich glaube, die Wissenschaftler stellen einige der besten Fragen.
Woraus besteht das Weltall?
Haben Spinnen Ohren?
Nach was schmecken Menschen für Haie und Tiger?
Wird die Welt eines Tages von bösen Robotern beherrscht werden?
Im Science Museum in London fragen uns Kinder und Erwachsene solche Dinge jeden Tag. Wenn wir uns auskennen, versuchen wir, die Fragen zu beantworten, oder wir helfen den Leuten, die Antwort selbst herauszufinden. Aber ganz oft führt die Antwort nur zu einer neuen Frage. »Aber warum ist das so?«, sa-

gen die Leute. Oder auch sehr beliebt ist: »Woher weißt du, dass es so ist?« Diese Fragen führen zu neuen Erklärungen und zu weiteren Fragen. Und genauso funktioniert Wissenschaft – wir stellen immer neue Fragen.

Wir sind nie zufrieden, wenn wir sagen müssen: »Ich weiß es nicht.« Deshalb ist die Wissenschaft so nützlich. Wenn wir die Antwort nicht kennen, wollen wir sie herausfinden – und deshalb stellen wir immer neue Fragen, bis wir endlich die Antwort kennen.

Wenn du also denkst, dass Wissenschaft zu schwierig oder zu langweilig ist, dann hast du wohl die falschen Fragen gestellt. Also, lass uns doch einfach ein bisschen Spaß mit den richtigen Fragen haben!

Verloren im All

Beim Nachdenken über das Universum kann einem wirklich schwindlig werden.

Es entstand bei einer mordsmäßigen Explosion von Energie. Es ist so ungeheuer, ungemein, riesig groß, dass es fast unmöglich ist, sich die wirkliche Größe klarzumachen. In ihm drehen sich Planeten, es gibt brennende Sonnen, eisige Kometen und schier endlose Wolken aus schwebendem Staub und Steinen. Planeten, Monde und Asteroiden schwirren umher wie kosmische Tänzer. Sterne werden geboren, Sterne sterben, Sterne fallen in sich zusammen und stürzen in geheimnisvolle schwarze Löcher im Weltraum.

Aber warum ist das alles so, wie es ist?

Wohin führt das alles?

Sind wir ganz allein im All?

Und jetzt mal ehrlich, wie groß kann das Universum wirklich sein?

Du willst es herausfinden? Dann lies weiter . . .

Wie groß ist das Universum?

Groß. Ziemlich groß. Milliarden Mal größer als das Größte, was du dir vorstellen kannst.

Mmh, ich weiß nicht – ich kann mir ein paar ziemlich große Sachen vorstellen . . .

Okay, lass und einfach mal anfangen. Stellen wir uns die Größe des Universums vor. Am besten wir fangen klein an und arbeiten uns dann nach oben, also beginnen wir mit etwas einigermaßen Großem – der Erde. Die Erde ist ungefähr 12.750 Kilometer breit. Angenommen, du würdest mit einer Tunnelbohrmaschine direkt durch ihre Mitte fahren,* würdest du in etwa 5 ½ Tagen auf der anderen Seite ankommen, vorausgesetzt du fährst ohne Pause mit einer Durchschnittsgeschwindigkeit von 100 km/h.

Das hört sich nicht so besonders weit an.

Richtig, ist es auch nicht. Also lass uns eine etwas weitere Reise unternehmen. Sagen wir, von hier bis zum Mond. Die Bahn, auf der der Mond um die Erde wandert, ist nicht genau kreisrund. Im Laufe eines Monats ist er mal näher und mal weiter weg von uns. Aber im Durchschnitt ist er etwa 380.000 Kilometer entfernt. Man bräuchte in einem fliegenden Weltraumauto bei einer Geschwindigkeit von 100 km/h etwa 168 Tage für eine Reise zum Mond. Selbst mit Raketenantrieb benötigten die Astronauten der Raumfähre *Apollo* ungefähr 3 Tage für diese Strecke (und sie wurden ziemlich zusammengequetscht in ihrem Raumschiff).

---

* Das geht natürlich nicht – lies weiter bei »Könntest du dich durch die Erde bis nach Australien graben?« (Seite 61), wenn du nicht sicher bist, warum. Aber die Vorstellung von einer Reise zur Sonne hilft dir dabei, die riesigen Dimensionen zu verstehen.

Die Reise von der Erde zur Sonne wäre etwa 150 Millionen Kilometer lang, würde in unserem Weltraumauto also 176 Jahre dauern. Um quer durch unsere Galaxis, die Milchstraße, zu fahren, würde man etwa eine Billiarde Jahre brauchen (oder 1.181.401.000.000.000 Jahre, um genau zu sein) und dabei 999 Billiarden Kilometer (oder 999.000.000.000.000.000) zurücklegen.

Was sagt uns das also?

Dass ein Weltraumauto cool wäre, aber wir mit einer Geschwindigkeit von 100 km/h ziemlich aufgeschmissen wären?
Ja. Ziemlich. Das, und außerdem, dass die Galaxis an sich schon ziemlich riesig ist, ganz abgesehen vom Universum. Mir geht der Platz aus, um hier all die Nullen hinter den Zahlen dafür aufzuschreiben.

Na gut. Was wäre, wenn du ein Weltraumauto mit Lichtgeschwindigkeit hättest?
Aha, jetzt wird es interessant. Licht reist mit einer Geschwindigkeit von etwa 1,1 Milliarde km/h, also könnte ein Auto, das so schnell ist, etwa 9.500 Milliarden Kilometer (oder 9,5 Billionen Kilometer) in einem Jahr zurücklegen, wenn es ohne Pause durchrast. Wir nennen diese Entfernung ein *Lichtjahr,* und diese Angabe ist viel praktischer, um große Entfernungen zwischen Sternen und innerhalb von Galaxien zu messen. Die Milchstraße ist zum Beispiel 100.000 Lichtjahre breit, man bräuchte also mit unserem getunten, superschnellen Lichtgeschwindigkeitsauto 100.000 Jahre, um sie zu durchqueren. Immer noch viel zu weit, um das wirklich zu schaffen, aber vielleicht ein bisschen einfacher vorzustellen.

Okay, mach weiter. Wie groß ist dann das ganze Universum?
Na ja, wir können das Universum natürlich nur so weit ausmes-

sen, wie wir es sehen können. Mit den allerbesten Teleskopen, die wir haben, sind das ungefähr 15 Milliarden Lichtjahre in jede Richtung (oder 140 Trilliarden Kilometer – ich versuch erst gar nicht, das mit Nullen aufzuschreiben). Wenn wir also mit Lichtgeschwindigkeit reisen würden, bräuchten wir mindestens 30 Milliarden Jahre, um es zu durchqueren. Das ist etwa 16 Milliarden Jahre länger, als das Universum überhaupt existiert.

Ah. Es ist also groß?

Wie ich schon sagte: wahnsinnig groß. Und das ist nur das kleine Stück, das wir sehen können. Wir wissen, dass es dahinter sogar noch weitergeht, weil das Licht von den Dingen, die wir am Rande des Universums sehen können, bereits 14 Milliarden Jahre unterwegs war, bis es uns erreicht hat, und seitdem hat sich das Universum noch ein ganzes Stückchen ausgedehnt. Es könnte sogar sein, dass es sich biegt – wie beispielsweise das Meer, wenn man einmal rund um den Globus segelt –, sodass der Anfang das Ende berührt. Wenn das so wäre, könntest du einmal quer durch das Universum reisen und würdest am Ende wieder da ankommen, wo du losgeflogen bist.

Das wäre ja cool.

Ja, wäre es. Aber alle deine Freunde wären viele Milliarden Jahre älter. Wenn sie also tatsächlich noch da wären, würden sie wahrscheinlich nicht mehr wissen, was »cool« ist.

Dumm gelaufen!

Woraus besteht der Weltraum?

Tja, er ist nicht einfach »nichts«. Der Weltraum ist mit Gasen ausgefüllt, die sehr, sehr fein verteilt sind. Außerdem dehnt er sich aus und zieht sich auch wieder zusammen. Er muss also aus irgendetwas bestehen.

Aber der Weltraum ist doch eigentlich nur »Raum«, oder? Keine Luft, keine Schwerkraft . . .

Nein, nicht ganz. Die Schwerkraft ist sogar überall im Weltraum. Aber die Anziehungskraft wird schwächer, je weiter man von ihrer Quelle – zum Beispiel einem Planeten – entfernt ist; aber sie ist durchaus noch vorhanden.

Und es ist zwar richtig, dass es keine Luft im Weltraum gibt, aber es gibt andere Dinge, die dort verteilt sind. Diese Stoffe sind nur so fein verstreut und der Weltraum ist so groß, dass wir sie nicht so leicht entdecken können.

Und was sind das für »Stoffe«?

Vor allem Wasserstoff und interstellarer Staub, der vom Urknall übrig geblieben ist.

Wie viel davon gibt es denn da draußen?

Na ja, es gibt davon Milliarden Tonnen, aber es ist so weit über das Universum verteilt, dass man meistens pro Kubikzentimeter Weltraum nicht mehr als ein Atom findet.*

Du hast sicher gelernt, dass sich Gase ausdehnen und den Behälter, in dem sie sich befinden, ausfüllen, oder? Wenn außer dem Gas nichts anderes in dem Behälter ist, stimmt das

---

* Lies weiter bei »Wie groß ist das Universum?« (Seite 10), um eine bessere Vorstellung davon zu bekommen, wie groß das ist.

auch. In diesem Fall war der Behälter, das Weltall, leer und ist jetzt mindestens 280 Trilliarden Kilometer groß. Verteilt über eine solche Entfernung, können sogar Milliarden Tonnen von Material aussehen wie fast nichts. Es hängt einfach davon ab, wie sehr man danach sucht. Es ist ein bisschen wie Honig auf einer Scheibe Toastbrot: Verstreich ihn einfach dünn genug und nur die echten Honigfans werden ihn entdecken. (Du kannst das selbst ausprobieren.)

Okay . . . also statt zu sagen »Es gibt NICHTS im Weltraum«, könnte man eher sagen »Es gibt FAST nichts im Weltraum«?
Genau. Das wäre nicht nur exakter, sondern es macht die Leute außerdem total verrückt. Was natürlich umso lustiger ist . . .

10 Dinge, die man im Weltraum unbedingt tun sollte

1. Fliegen
2. Schweben
3. Herumtreiben
4. Saltos machen
5. Milch verschütten – und wieder einsammeln
6. Fußball spielen – ohne Schwerkraft!
7. Versuchen, den Mond mit einer Frisbee-Scheibe zu treffen
8. Sich mit Zahnpasta einen Heiligenschein über den Kopf malen
9. Sich fragen, wo denn eigentlich das Raumschiff hin ist
10. Hilfe!!!

Wieso kreisen die Planeten überhaupt um die Sonne?

Weil die Schwerkraft der Sonne die Planeten anzieht und sie davon abhält, dass sie einfach so in den Weltraum abdriften. Trotzdem entfernen sich die Planeten ganz allmählich von der Sonne.

Uah! Das klingt nicht gut. Ich dachte, wir würden für immer und ewig um die Sonne kreisen.
Leider nicht. Mit jeder Runde um die Sonne entfernen wir uns ein klitzekleines bisschen von ihr. Und zwar jedes Jahr etwa um 1,5 Zentimeter.

Aber warum?
Das hat mit der Schwerkraft zu tun. Ein sehr schlauer Wissenschaftler namens Isaac Newton hat das schon vor mehr als 300 Jahren erklärt. Falls du, wie ich, kein Latein verstehst und du bei zu viel Mathe Kopfweh bekommst, hier die vereinfachte Erklärung:

1. Alles zieht alles andere an.
2. Je größer die Dinge sind, desto stärker ist diese Anziehung.
3. Je näher die Dinge einander sind, desto stärker ist die Anziehung.
4. Die Kraft, die diese Anziehung verursacht, nennt man Schwerkraft.

Also, die Sonne ist bei Weitem das größte Objekt im Sonnensystem, das heißt sie zieht alles andere an. Das beinhaltet Planeten, Kometen, Asteroiden – alles.

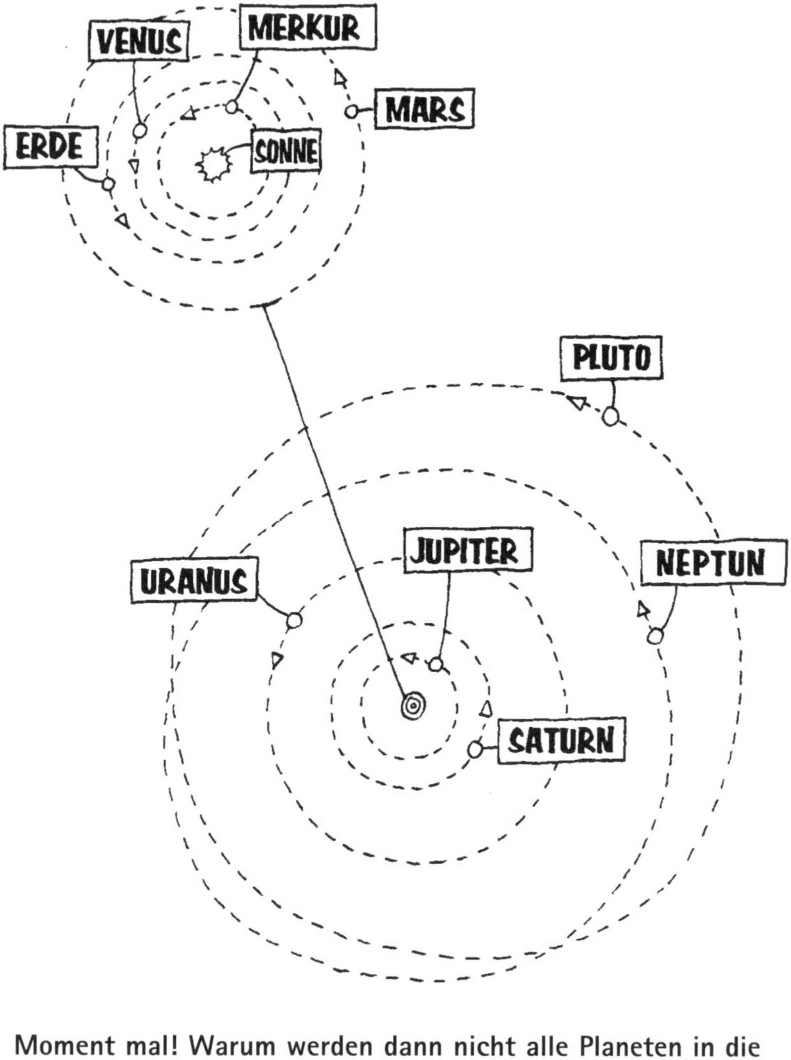

Moment mal! Warum werden dann nicht alle Planeten in die Sonne hineingezogen?

Weil die Planeten alle aus großen Materialbrocken bestehen, die schon immer um die Sonne kreisten. Als das Sonnensystem entstand, klumpten diese Brocken zusammen, formten

Planeten und begannen, in regelmäßigen Bahnen (man sagt auch *Orbit*) um die Sonne zu kreisen. Näher an der Sonne verdampften all die gefrorenen Stücke und am Ende blieben die kleinen, steinigen Planeten übrig – Merkur, Venus, Erde und Mars. Weiter entfernt von der Sonne war es kalt genug. Das Gas blieb und somit gab es die gigantischen Gasplaneten – Jupiter, Saturn, Uranus und Neptun.

Du hast Pluto vergessen.
Nein, hab ich nicht. Die meisten Astronomen zählen Pluto nicht mehr als echten Planeten. Es gibt sehr viele Objekte da draußen, jenseits von Neptun, die so groß sind wie Pluto, und die sind auch keine Planeten (das hat man jedenfalls so beschlossen).

Oh.
Jedenfalls – wie ich schon sagte –, die Planeten haben sich in einer mehr oder weniger festen Umlaufbahn um die Sonne eingependelt. Sie werden nicht in die Sonne hineingezogen, weil sie immer noch Drehgeschwindigkeit haben (oder genauer: Schwungkraft*), die noch übrig ist aus den Tagen, als sie nur die Babyklumpen eines Planeten waren (oder *Planetesimale,* wie man sie nennt). Man könnte sie mit aufgeregten kleinen Hundewelpen an einer langen Leine vergleichen. Sie versuchen, in den Weltraum zu entwischen, aber stattdessen zieht die Schwerkraft der Sonne sie immer im Kreis herum.

Aber warum entfernen sie sich dann allmählich immer mehr?
Weil die Sonne ihren eigenen Treibstoff verbrennt und dabei schrumpft. Während sie kleiner wird, wird auch ihre Anziehungskraft schwächer.

---

* Lies mehr Details darüber in »Wenn die Erde sich einmal pro Tag um sich selbst dreht, was hat sie dann am Anfang angestoßen?« (Seite 30).

Bedeutet das nicht, dass wir irgendwann in den Weltraum wegfliegen und erfrieren werden?
Na ja – willst du zuerst die gute Nachricht hören oder zuerst die schlechte?

Zuerst die schlechte . . .
Bevor irgendetwas davon passiert, wird die Sonne zu einem *Roten Riesen* anschwellen und die Erde sowieso zerfetzen.

Autsch. Okay – und die gute Nachricht?
Bis dahin dauert es noch eine Weile, die Chancen stehen also gut, dass wir es vorher noch schaffen, den Planeten zu wechseln (oder besser gleich das Sonnensystem).

Wahnsinn!! Dann also nichts wie ab in die Raumschiffe, oder?
Jau. Keine Zeit verlieren – wir haben nur noch 4,5 Milliarden Jahre übrig.

Warum funkeln die Sterne?

Weil wir sie durch den dunstigen Schleier unserer Atmosphäre hindurch sehen. Von außerhalb der Atmosphäre leuchten sie anhaltend hell und klar.

Wie? Du meinst, die Sterne funkeln gar nicht? Aber was ist mit all den Einschlafgeschichten? Alles Lüge?
Ja, wenn du es unbedingt so sehen willst. Die wechselnde Helligkeit und Form, die wir sehen, entsteht in Wirklichkeit durch unruhige Luftschichten in unserer Atmosphäre, durch die wir hindurchschauen müssen, um die Sterne zu sehen. Außerhalb der Atmosphäre ist das Licht der Sterne viel gleichmäßiger und konstanter, es gibt also kein Funkeln. Aber von hier unten sieht es eben aus, als würden sie funkeln. Die Einschlafgeschichten sind also nicht wirklich gelogen.

Na gut. Wenn sie also nicht funkeln, was machen sie dann?
Sie brennen. Sie brennen wie wild für Milliarden von Jahren. Wenn sie sterben, explodieren einige von ihnen mit so viel Kraft, dass sie tausend Sonnen einfach wegfegen – und dann nichts als ein riesiges, tödliches Loch im Weltraum hinterlassen.

Okay, das klingt deutlich cooler als wenn sie nur »funkeln« würden. Mach weiter.
Sitzt du bequem? Gut. Dann lass uns anfangen . . .

Es war einmal vor langer Zeit eine kalte Gaswolke. Sie war ziemlich dick, aber ihre Gaswolkenkumpel fanden sie cool und alle wussten, dass sie eines Tages ein Stern werden würde. Da schwebte sie also vor sich hin, war mit sich und all den Dingen beschäftigt, mit denen Gaswolken eben so beschäftigt sind, bis sie eines Tages in sich zusammenfiel. Unter dem Sog ihrer eigenen Schwerkraft zerquetschte sie sich selbst, wurde immer dichter und heißer, und es begann eine Kettenreaktion, die die Wolke in einen gigantischen, gefährlichen Atomreaktor verwandelte, der durch den Weltraum flog.

Solche Einschlafgeschichten gefallen mir . . .
Gut, jetzt kommt ein längerer Teil mit Riesen und Zwergen, sei also leise.

Tschuldigung.
Kein Problem. Wo war ich stehen geblieben? Ach so, ja . . .

Also, die Wolke war jetzt ein echter Stern geworden. Und das gefiel ihr sehr. Sie verbrannte ein paar Milliarden Jahre lang glücklich all ihr Wasserstoffgas – das dabei zu Helium wurde – und heizte nebenbei noch ein paar benachbarte Planeten auf. Auf einem oder zwei dieser Planeten entstand Leben und das ganze Sonnensystem schaukelte zufrieden in diesem Arm der Galaxis hin und her.

Bis der Stern eines Tages fast alles Wasserstoffgas in seinem Kern verbraucht hatte und gezwungen war, die benachbarten Planeten zu zerfetzen und sich in einen *Roten Riesen* zu verwandeln.

Als wäre das noch nicht genug, schrumpfte sein Kern während der nächsten paar Milliarden Jahre noch weiter zusammen, dann wurde der Stern wieder ein Riese, dann schrumpfte er noch mal ein bisschen, bis er davon irgendwann genug hatte und beschloss, sein Leben stilvoll zu beenden. Und dann implodierte er.

Die darauf folgende Explosion – eine *Supernova* – brannte heller als die ganze Galaxis und hinterließ ein riesiges unsichtbares Loch im Weltraum (ein Schwarzes Loch), aus dem nichts mehr entkam, was einmal hineingestürzt war.

ENDE.

Wow. Das war genial. Kann ich so was jetzt bitte sehen?

Nun, diese Supernova-Explosionen passieren nicht jedem Stern – der Stern muss groß genug dafür sein. In unserer Galaxis wird ungefähr einmal im Jahr ein neuer Stern geboren und ein alter stirbt. Eine Supernova gibt es nur alle 50 Jahre. Natürlich könntest du mit etwas Geduld, Glück und einem ausreichend großen Teleskop so eine Explosion in einer anderen Galaxis entdecken.

Es hinterlassen auch nicht alle Supernovas ein Schwarzes Loch. Und leider kannst du ein Schwarzes Loch auch nicht sehen, weil es alles schluckt – sogar das Licht.

Buh, ich will ein Happy End ...

Tut mir leid, die machen das da draußen nicht zu unserer Unterhaltung!

Wer feuert all die Sternschnuppen in den Weltraum?

Niemand. Sie sind nur kleine Klumpen aus Weltraumstaub, die durch unsere Atmosphäre hindurchrasen und verbrennen. Im Übrigen – meistens sind wir es, die in ihre Bahn geraten.

Wie war das?
Ja, das ist wirklich so. Schau mal, die Erde dreht sich einmal innerhalb von 365 Tagen um die Sonne – eine Rundreise von etwa 939 Millionen Kilometern. Das bedeutet, dass die Erde ungefähr 107.000 Kilometer pro Stunde zurücklegt. Stell dir das vor – du, ich und alle anderen auf diesem Planeten sind jetzt mit 107.000 km/h unterwegs.

Wow! Warum fühlt es sich dann so an, als würde ich hier ganz ruhig sitzen?
Das ist wie beim Zugfahren: Wenn du in einem schnellen, aber bequemen Zug sitzt, merkst du eigentlich nicht, dass du dich bewegst; erst dann, wenn du aus dem Fenster siehst und die Welt in der anderen Richtung an dir vorbeizieht.

Das passiert im Prinzip auch, wenn wir Sternschnuppen beobachten – wir sehen den Beweis dafür, dass wir uns durch den Weltraum bewegen. Und das mit ziemlichem Tempo.

Häh? Wie kann man das alles an einem kleinen Lichtstrahl am Himmel erkennen?
Wenn du das nächste Mal eine Sternschnuppe siehst, versuche zu beobachten von welcher Stelle am Himmel sie kam, und schaue weiter dorthin. Die Chancen, dass du noch mehr entdeckst, stehen gut – Unmengen von Sternschnuppen, die

scheinbar nach oben und unten und nach links und rechts von diesem Punkt am Himmel wegschießen. Es ist ein bisschen so, als wenn man direkt unter einem Duschkopf steht und nach oben guckt – du siehst Tröpfchen in alle Richtungen spritzen.

Cool, aber was bedeutet das?

Das heißt, dass sich die ganze Erde mit einer Geschwindigkeit von 107.000 km/h bewegt und sie dabei die Bahn von Stein- und Staubbrocken kreuzt, die auch im Weltall unterwegs sind. Wenn so ein Brocken in unsere Atmosphäre donnert, heizt er sich durch die Reibung auf. Die meisten Gesteinsbrocken verbrennen dabei vollständig – lange bevor sie am Boden auftreffen. Das ist dann der leuchtende Streifen am Himmel, den wir *Meteor* nennen oder Sternschnuppe. Brocken, die länger brennen, nennt man Feuerbälle. Brocken, die auf der Erde aufschlagen, nennt man *Meteoriten.*[*]

Aha, kapiert. Aber wenn wir uns dauernd bewegen und immer wieder mit Steinen und anderem Zeug zusammenstoßen, warum sehen wir solche Meteorschauer dann nicht die ganze Zeit?

Na ja, wir treffen tatsächlich Millionen Male pro Tag und Nacht auf Teile von Staub oder Steinen (oder werden von ihnen getroffen). Aber das sind einzelne Brocken (oder *Meteoroiden*) und man kann ihren Lichtschweif leicht verfehlen, wenn man nicht genau weiß, wohin man schauen muss.

Meteorschauer entstehen, wenn die Erde durch einen Schwarm von Meteoroiden im Weltraum pflügt. Solche Meteoroiden bleiben zum Beispiel zurück, wenn ein Komet vorbeifliegt und ein paar Stücke von ihm abbrechen. Wenn so et-

---

[*] Lies weiter in »Könnten Kometen oder Asteroiden wirklich die Erde zerstören, wenn sie uns träfen – so wie im Film?« (Seite 49). Dort gibt es weitere Erklärungen zu Meteoroiden, Asteroiden und Kometen.

was passiert, gibt es ganz viele Meteore auf einmal und du kannst sie leicht entdecken, vorausgesetzt du siehst in die richtige Richtung.

Aber woher soll ich wissen, wohin ich schauen muss?
Astronomen können oft vorhersagen, wo die Meteorschauer am Himmel zu beobachten sein werden, weil wir durch einige der Schwärme jedes Jahr durchsausen (immer am gleichen Punkt auf der Umlaufbahn um die Sonne). Du kannst also herausfinden, wo und wann es so weit ist, und deinen Sternschnuppenabend schon mal planen.

Also, leg dich auf die Lauer!

Gut zu wissen:
Coole Sachen, die du nachts sehen kannst

Meteorschauer: Große Meteorschauer gibt es jedes Jahr etwa zur selben Zeit. Die Daten sind zum Beispiel die Leoniden (rund um den 17. November) und die Perseiden (rund um den 12. August).

Mondfinsternis: Wenn der Mond im Schatten der Erde steht, verändert sich seine Farbe von Weiß zu einem tiefen Rot. Die nächsten Termine für eine Mondfinsternis, die von Europa aus zu sehen sein wird, sind am 21. Dezember 2010 und 15. Juni 2011.

Kometen: Die sind ein bisschen seltener. Man kann zwar viele Kometen durch Teleskope entdecken, aber der nächste Termin, an dem wir einen mit bloßem Augen sehen können, wird erst 2061 sein – wenn der Halleysche Komet zurückkommt. Aber es kann immer passieren, dass ein strahlend heller, neuer Komet auftaucht, so wie *Hale-Bopp* 1997.

Woraus bestehen die Ringe des Saturns und warum haben andere Planeten keine Ringe?

Die Ringe des Saturns bestehen aus Millionen von kleinen Eisbrocken, so groß wie Tennisbälle. Und übrigens, andere Planeten, zum Beispiel Neptun, Uranus und Jupiter, haben auch Ringe.

Echt? Die haben auch alle Ringe? Aber warum sieht man das nie auf den Bildern?

Die Ringe des Saturns sind leichter auszumachen – sie sind für jeden, der durch ein halbwegs anständiges Teleskop schaut, ziemlich deutlich sichtbar. Tatsächlich hat schon Galileo damals im 17. Jahrhundert etwas entdeckt, was er »die Ohren des Saturns« nannte, aber er konnte es nicht erklären. Beinahe 50 Jahre später erkannte ein anderer Physiker und Astronom, Christiaan Huygens, dass es Ringe rund um den Planeten waren. Seitdem ist Saturn als »Ringplanet« berühmt.

In den Siebzigern sagten Astronomen voraus, dass auch Neptun und Uranus Ringe hätten, auch wenn sie sie damals nicht direkt sehen konnten. Erst als der Satellit *Voyager* in den Achtzigern in ihre Nähe kam, erhielt man ein klares Bild. Die *Voyager* entdeckte auch die Ringe rund um den Jupiter, was eine nette Überraschung war. Es gibt also auch Bilder von den Ringen der anderen Planeten, sie sind nur weniger bekannt.

Sind diese Ringe auch alle aus Eis?

Manche sind aus Eis, manche aus Staub- oder Gesteinsbrocken und manche sind wahrscheinlich eine Mischung aus alldem.

Wir wissen, dass die Ringe von Saturn, Uranus und Neptun aus Millionen von kleinen, schmutzigen Eisklumpen bestehen – die meisten davon kleiner als ein Tennisball. Jupiters einzelner Ring scheint aus winzigen Staubteilchen zu bestehen.

Wie kamen die Ringe denn dahin und warum hat die Erde keine?

Kleine Planeten und Monde scheinen keine Ringe zu haben, wir nehmen deshalb an, dass nur große Planeten Ringe haben können. Eine Erklärung dafür ist, dass diese Ringe entstehen, wenn ein Mond auf seiner Umlaufbahn zu nah an seinen Planeten gerät. Dann wirkt die Anziehungskraft des Planeten auf den Mond und reißt ihn auseinander. Seine Stücke verstreuen sich und umrunden den Planeten wie ein Ring auf der ehemaligen Umlaufbahn des Mondes.

Und warum sind dann die Ringe des Saturns die größten und besten?

Es stimmt, dass die Ringe des Saturns am eindrucksvollsten sind. Die Teilchen sind so klein und es sind so unzählig viele, dass sie zusammen wie eine einzige, große Scheibe aus Eis aussehen. Es könnte sein, dass Saturn früher einmal einen großen Eismond hatte, der durch den Zusammenstoß mit einem Kometen oder Asteroiden in kleinste Stückchen zerschlagen wurde. Das hätte ausgereicht.

Das gefällt mir. Es muss definitiv so gewesen sein.

Mmh, es ist auf jeden Fall eine gute Vermutung.

Wenn die Erde eine große Kugel ist, warum fallen wir dann an ihrem unteren Ende nicht herunter?

Weil die Schwerkraft der Erde die Dinge nicht nach unten fallen lässt, sondern weil sie zu ihrem Mittelpunkt fallen. Das gilt für alles auf der Erde – den Himmel, die Ozeane, die Menschen.

Oh ja. Natürlich. Äh . . . was?

Also, lass mich ein bisschen ausholen. Isaac Newton hat uns erklärt, wie die Schwerkraft funktioniert – also wie und warum Dinge auf den Boden fallen, wenn man sie loslässt, und in welchem Tempo sie fallen. Stimmt's?

Wenn du meinst.

Okay. Also, er hat uns außerdem gesagt, dass es bei der Schwerkraft nicht nur darum geht, dass Dinge auf den Boden fallen, sondern eher darum, dass alle Dinge »zueinander«fallen bzw. sich anziehen. Diese Anziehungskraft ist bei großen Sachen stärker – und die Erde ist bei Weitem das größte Objekt auf der . . . äh . . . Erde. Das heißt, alles auf der Erde wird von ihrer superstarken Anziehungskraft festgehalten. Wie ein großer, kugelrunder Magnet, an dem rundherum Teile kleben, nicht nur Metall, sondern alles Mögliche – Luft, Wasser, Bäume, Menschen. Deswegen fällt nichts herunter.

Okay, das geht klar. Aber Magneten funktionieren, weil sie magnetisch sind, korrekt? Warum funktioniert die Schwerkraft dann einfach nur, weil etwas groß ist?
Gut erkannt! Du hast recht – hier fehlt noch ein Stück der Story. Also, hier ist der Rest:

Newtons Erklärung der Schwerkraft war schon ziemlich schlau und wir haben sie seither benutzt, um all die anderen Dinge, von der Umlaufbahn der Planeten bis zur Mondlandung, auszutüfteln. Aber er hat eigentlich nicht gesagt, was Schwerkraft tatsächlich *ist.*

Wo kam diese Kraft her? Warum gab es sie überhaupt? Newton wusste es nicht, er hatte keine Ahnung.

Tja, Albert Einstein knöpfte sich dann, beinahe 200 Jahre später, mutig diese und andere Fragen vor und verkündete:

Der Weltraum ist nicht leer oder gar flach – er gleicht eher einem Tuch mit Knötchen und Dellen drin.

Die Knötchen und Dellen sind Verzerrungen, die durch Objekte (z.B. Sterne und Planeten) in diesem Tuch entstehen.

Schwerkraft ist einfach, wenn diese Objekte in die Dellen (oder rund um die Knötchen) des Tuchs rollen.

Ähm . . . ich komm nicht ganz mit . . .
Okay, versuch es dir so vorzustellen: Der Weltraum ist wie ein großes Gummituch und die Sonne liegt wie ein Basketball in der Mitte. Da wo der Ball liegt, hängt das Tuch durch und es entsteht eine Delle im Tuch, klar?

Jetzt stell dir vor, du rollst ein paar Murmeln oder Tennisbälle quer über das Tuch: Einige werden geradeaus drüberrollen, aber die, die nah genug am Basketball vorbeikommen, werden in eine Art Bogen rund um den Ball herum gelenkt und in die Delle rollen. Die Murmeln werden vielleicht sogar einmal komplett rund um den Basketball kugeln, bevor sie ihn berühren.

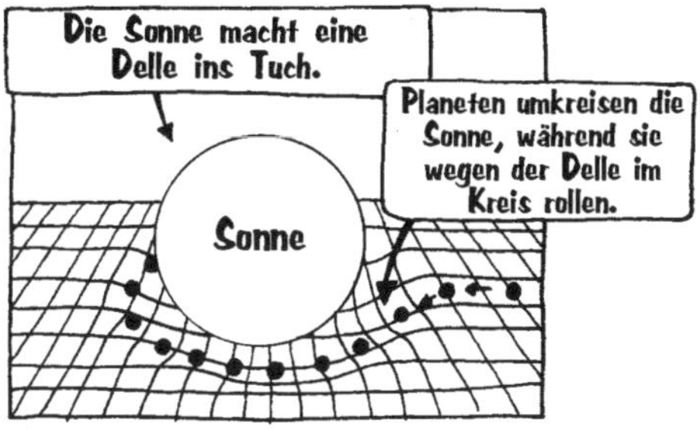

Also . . .
Das ist die Erklärung dafür, warum Planeten um die Sonne kreisen – nicht nur Planeten, auch Asteroiden und Kometen. Es ist auch der Grund, warum Monde um Planeten kreisen und Satelliten oder Raumschiffe die Erde umrunden.

Im Grunde drücken große Dinge Dellen in den Weltraum und andere Dinge »rollen« oder »fallen« zum Ursprung dieser Delle. Wenn kleine Dinge genügend Geschwindigkeit und Schwungkraft haben, kreisen sie für immer in dieser Delle. Wenn sie zu wenig Geschwindigkeit haben, fallen sie in die Delle und bleiben letztendlich neben dem Ding liegen, das die Delle verursacht hat.

Planeten, Kometen und Asteroiden rollen also rund um die Schwerkraft-Delle, die durch die Sonne entstanden ist. Der Mond rollt rund um die Delle, in der die Erde liegt. Raketen und Satelliten werden an den Rand der Schwerkraft-Delle geschossen und rollen rundherum, bis man sie wieder zurückholt.

Und der Himmel, die Ozeane, Wüsten, Gletscher, Bäume, Tiere und Menschen auf der Erde sitzen alle in der Tiefe einer Delle im Weltraum, die der Planet verursacht hat – und kleben durch die Schwerkraft an seiner Oberfläche.

Dellen im Weltraum, hä? Unheimlich!
Du sagst es.

Wenn die Erde sich einmal pro Tag um sich selbst dreht, was hat sie dann am Anfang angestoßen?

Die Sonne und die Planeten entstanden aus Teilen einer gigantischen, wirbelnden Staubwolke, die sich um sich selbst drehte. Diese Teile verklumpten sich und bildeten feste Brocken. Die Erde – wie all die anderen Brocken – hat sich seitdem immer weitergedreht.

Moment mal, verstehe ich das richtig? Das ganze Sonnensystem wurde aus einem Brocken Weltraumstaub geboren, der sich um sich selbst drehte?
Im Grunde ja. Alle Sterne und Planeten werden so geboren. Du brauchst nur genügend Staub an einem Ort zur selben Zeit und schon beginnt die Schwerkraft, die Dinge zusammenzuziehen. Wenn sich genügend Staub anhäuft, fällt er in sich selbst zusammen, heizt sich auf und bildet einen Stern. Falls der Staub vorher schon rotiert hat, wird der Stern ebenfalls rotieren und andere Staubklumpen in seine Kreisbahn hineinziehen. Diese kreisenden Staubklumpen werden Planeten und der Stern wird zu einer Sonne. Die Sonne und die Staubklumpen um sie herum drehen sich nach ihrer Entstehung noch lange weiter.

Aber werden sie nicht irgendwann langsamer? Die meisten Dinge, die sich drehen, werden langsamer und halten irgendwann an, oder?
Das stimmt – die meisten kreiselnden Dinge, die wir kennen, hören irgendwann auf, sich zu drehen. Aber sie stoppen nicht von allein. Es gibt eine Kraft, die gegen die Drehung wirkt und sie verlangsamt. Diese Kraft ist die Reibung.

Stell dir vor, du kreiselst eine Münze auf dem Tisch. Ab dem Moment, in dem du sie loslässt, wird sie verlangsamt: Sie drückt gegen die Luft um sie herum und sie reibt an der Tischfläche. Wenn du diese Münze im Weltraum kreiseln ließest, würde sie sich ewig weiterdrehen. Dort gäbe es keine Luft (oder Tischfläche), an der sie reibt, und also auch keine Reibungskraft, die sie verlangsamt.

Genau das passiert mit den Sonnen und Planeten, die sich drehen. Eigentlich werden sie eher noch etwas schneller, während sie sich bilden.

Äh? Wie geht das denn? Ich kapier überhaupt nichts mehr.
Wenn sich die drehende Sonne oder der Planet zusammenklumpen, werden sie dichter und gleichzeitig kleiner. Dadurch wächst die Geschwindigkeit, in der sie rotieren, weil sie sich dann in einem engeren Kreis drehen. Das Gleiche siehst du zum Beispiel bei Eiskunstläufern, wenn sie sich um ihre eigene Achse drehen: Sie fangen langsam an und haben dabei ihre Arme weit ausgestreckt, dann legen sie die Arme an den Körper und werden so immer schneller. Genau das Gleiche passiert mit Sternen, Planeten und Weltraumstaub.

Okay, das ist logisch.
Also: Die Erde hat sich zusammengeklumpt, schrumpfte und wurde dann so schnell, dass sie sich einmal pro Tag um sich selbst drehte?
Nicht ganz. Zuerst wurde sie schneller, aber dann wurde sie wieder langsamer. Tatsächlich lässt das Tempo der Drehung immer noch nach. Planeten und Sterne, die sich drehen, können durch die gegenseitige Schwerkraft ein bisschen verlangsamt werden. Wir nennen diesen Effekt die *Gezeitenkräfte*. Die Gezeitenkräfte des Mondes wirken übrigens schon seit Milliarden von Jahren auf die Erde, und das hat ihre Drehung ein

ganzes Stück verlangsamt. Dadurch werden unsere Tage und Nächte immer länger.

Genial! Das heißt, ich kann jeden Tag länger schlafen und habe mehr Zeit, meine Freunde zu treffen?
Tja . . . ein bisschen mehr Zeit. Die Verlängerung beträgt im Moment 2 Millisekunden (oder: 2 Tausendstel einer Sekunde) pro Jahrhundert. Das ist also nicht wirklich viel mehr Zeit zum Ausschlafen.

Ich kann's gar nicht abwarten. Haaach! Überleg mal – in ein paar Milliarden Jahren habe ich vielleicht eine Stunde mehr im Bett . . .
Äh . . . okay, wenn du meinst . . .

Wird die Sonne eines Tages ausgehen?

Ja, wie alle Sterne wird die Sonne eines Tages nicht mehr scheinen – und ihr Leben als weißer Ascheball beenden. Aber bis dahin werden wir eher gebraten als erfroren sein.

Aber werden wir nicht alle erfrieren, wenn die Sonne ausgeht?
Wenn sie nur verglimmen würde wie eine Wunderkerze an Silvester, dann würden wir erfrieren, ja. Aber so sterben Sterne nicht. Je nachdem wie groß sie sind, können viele Dinge mit ihnen passieren, bevor sie letztendlich den Löffel abgeben. Die Sonne wird zum Beispiel zu einem monstergroßen Roten Riesen anschwellen, Merkur, Venus und die Erde grillen . . . und sie auffressen.

Heftig! Warum sollte sie das tun?
Sie hat keine Wahl. Wenn irgendwann der größte Teil des Wasserstoffgases in ihrem Innern in Helium verwandelt ist, wird ihr Inneres zusammenbrechen und der Wasserstoff, der an der Außenseite brennt, wird nach außen gedrückt werden. Wenn das geschieht, wird sie immer größer – groß genug, um Merkur, Venus und vielleicht auch die Erde zu schlucken.

Also sollten wir vielleicht besser sofort auf den Mars umziehen?
Noch nicht. Im Moment sind wir noch sicher. Sterne wie die Sonne leben ungefähr 10 Milliarden Jahre und unsere Sonne gibt es erst seit etwa 5 Milliarden Jahren – sie hat also erst die Hälfte ihres Lebens hinter sich. Es wird noch mindestens 4,5 Milliarden Jahre dauern, bevor sie sich in einen Roten Riesen verwandelt. Und ein paar weitere Milliarden, bevor sie end-

gültig zusammenbricht und ihr Leben als ausgebrannter Weißer Zwerg beendet.

Wow. Das ist echt eine Erleichterung!
Andererseits wird das Leben auf der Erde zu Ende sein, lange bevor die Sonne uns verschlingt.

Wie bitte?!?
Und selbst wenn wir es tatsächlich bis zum Mars schaffen würden, wäre es da garantiert auch nicht besonders gemütlich für uns.

Hey, das ist nicht fair! Warum nicht?!?
Weil die meisten Lebensformen, die wir kennen, nur bei einer genau angemessenen Temperatur überleben können. Es gibt einige Tiere, die in der Wüste bei über 50°C überleben, aber selbst die würden eine höhere Temperatur nicht aushalten. Drehte man die Temperatur nur um durchschnittlich 10°C oder 20°C nach oben, würde das fast alles Leben auf unserem Planeten zerstören. Die Dinge im Meer würden etwas länger durchhalten, aber auch die würden die Grätsche machen, wenn die Temperatur noch mehr ansteigt und der Ozean irgendwann kocht und verdampft. All das würde wiederum passieren, lange bevor die Sonne den Planeten selbst verschlingt.

Wird das alles ganz plötzlich passieren oder können wir das vorhersehen?
Es wird nach und nach geschehen und falls wir in 4,5 Milliarden Jahren noch hier sind, werden wir erkennen, wenn es beginnt: Die Sonne wird rot werden, sobald der Wasserstoff aus ihrem Inneren an die Oberfläche dringt. Aber verwechsle das bloß nicht mit einem normalen Sonnenuntergang!

Können wir denn gar nichts tun, um uns zu schützen?
Sonnencreme vielleicht? Wenn du welche mit Faktor 5.000 findest.

Das ist nicht lustig.
Tschuldigung.

Gut zu wissen: Arten von Sternen

Gelber Zwerg: jung und ziemlich klein. Unsere Sonne ist ein Gelber Zwerg.
Roter Zwerg: der häufigste Sternentyp. Relativ klein, kalt und lichtschwach. *Proxima Centauri* ist der sonnennächste Stern dieser Art.
Roter Riese: älter, größer und heißer. *Beteigeuze*, 600 Lichtjahre entfernt von uns, ist einer. Er ist 20-mal größer und 14.000-mal heißer als die Sonne.
Roter Überriese: die größten Sterne. Wenn sie sterben, explodieren sie (das nennt man Supernova) und manche werden zu Schwarzen Löchern.
Weißer Zwerg: klein und sehr dicht
Neutronenstern: unglaublich klein und dicht. Einige sind weniger als 25 km breit, wiegen aber mehr als die Erde.
Pulsar: ein Neutronenstern, der sich dreht und Energieströme aussendet. Pulsare werden oft fälschlich für Radiosignale von Außerirdischen gehalten.
Doppelstern: Zwei Sterne, die einander umkreisen. Etwa die Hälfte aller Sterne am Himmel sind in Wirklichkeit Doppelsterne.
O-Stern: nur im Frühling zu sehen, kann man an den vielen bunten Eiern erkennen
Popsternchen: laut, reich, nervig. Singt gern

Woher kam der Mond?

Unsere schlüssigste Vermutung lautet: Der Mond kam von der Erde. Astronomen glauben, dass uns vor Milliarden von Jahren ein gewaltiger Asteroid getroffen hat, der riesige Brocken von geschmolzenem Stein aus dem Planeten gesprengt und in die Umlaufbahn geschleudert hat. Der Mond bildete sich aus den Splittern.

Das ist so ungefähr das Coolste, was ich je gehört habe! Der Mond ist entstanden, weil wir von einer Weltraumrakete getroffen wurden?

Ja. Na ja, so ähnlich. Aber es war vermutlich eher wie ein sehr heftiger Kunststoß in einem kosmischen Billardspiel. Der Asteroid war gewaltig – wahrscheinlich so groß wie der Mars – und er schrammte seitlich an der Erde entlang. Die Steinbrocken, die bei diesem Aufprall abgesprengt wurden, waren so heiß, dass sie verdampften. Irgendwann bildeten diese Stücke dann wieder einen Klumpen aus geschmolzener Steinmasse, der später fest wurde.

Entstehen so etwa alle Monde? Indem ein Asteroid auf einen Planeten donnert?

Einige Monde entstehen so, aber wahrscheinlich nicht viele. Solche Zusammenstöße mit Asteroiden sind ziemlich häufig – besonders bei größeren Planeten wie Jupiter oder Saturn, weil sie ein größeres Ziel sind. Aber es müssen schon sehr große Asteroiden sein, damit Trümmerstücke in den Weltraum geschleudert werden. Die meisten hinterlassen nur ein Loch und einen Haufen Steine rundherum, was wir dann als Krater sehen.

Also anders: Die Monde entstehen durch große Asteroide, die auf Planeten donnern?

Naja, auch wenn es ein genügend großer Aufprall ist, meistens werden die Trümmerstücke aus so einer Explosion einfach in den Weltraum geschleudert und sind für immer verloren. Tatsächlich ging der größte Teil des verdampften Gesteins bei dem Zusammenstoß mit der Erde verloren – nur wenig Gestein wurde durch die Schwerkraft der Erde in der Umlaufbahn zurückgehalten, verklumpte und daraus entstand der Mond.

Und nur weil ein paar Trümmer in der Umlaufbahn bleiben, heißt das noch lange nicht, dass sie sich automatisch zu einem schönen, runden Mond formen. Manchmal kreisen einfach die Einzelteile um den Planeten und man sieht dann Ringe. Oder manchmal gibt es Monde und Ringe – wie beim Saturn. Mehrere kleine »Schäfermonde« umrunden ihn am Rand der Ringe und halten die Ringe in Form.

Und woher kommen dann all die anderen Monde?

Manche entstehen zur selben Zeit wie ihr Gastplanet (oder kurz danach) aus Teilen, die von der Schwerkraft des neuen Planeten angezogen werden. Andere werden irgendwann später von der Anziehungskraft des Planeten »eingefangen«. Große Planeten wie Jupiter und Saturn haben auf diese Art viele ihrer Monde eingesammelt.

Könnte das auf der Erde auch passieren? Ich meine, dass wir einen weiteren Mond bekommen?

Ja, könnte es. Und es kann sein, dass das bereits passiert ist.

Häh? Wir haben zwei Monde?

Sozusagen. Vor etwa 20 Jahren entdeckten Astronomen nicht weit von der Erde entfernt ein Objekt, das ungefähr 3 Kilometer breit war, und sie nannten es *Cruithne*. Etwa 10 Jahre später merkten sie, dass dieses Objekt immer noch bei uns war, sich mit uns die Umlaufbahn um die Sonne teilt und sogar die Erde umrundet. Aber während der Mond dafür nur einen Monat braucht, dauert das bei Cruithne 770 Jahre und er wird uns irgendwann verlassen, um für immer in den Weltraum zu entschwinden. Man könnte also sagen, Cruithne ist ein erdnaher Asteroid mit vorübergehendem Mondstatus.

Aber wenn ein Planet viele Monde hat, krachen die dann nicht alle ineinander?

Überhaupt nicht. Wenn Planeten mehr als einen Mond besitzen, haben diese Monde normalerweise unterschiedliche Größen, sodass sie den Planeten in unterschiedlichen Entfernungen umrunden. Auch wenn sie gleich groß sind, können sie sich eine Umlaufbahn teilen, so wie die Saturnmonde Janus und Epimethius. Die jagen sich gegenseitig rund um den Planeten – wie ein Paar fröhlicher, kosmischer Hundewelpen.

Eine letzte Sache noch: Wenn der Mond aus der Erde entstanden ist, bedeutet das, dass der Mond aus demselben Material gemacht ist?

Ja, aber in unterschiedlichen Anteilen. Beide haben eine Schale aus festem Gestein, die auf einem Mantel aus halb geschmolzenem Gestein schwimmt.* Beide haben außerdem einen Kern aus Eisen und Nickel in der Mitte. Aber der Mond ist im Innern viel kälter als die Erde. Während die Erde einen festen inneren Kern und einen flüssigen äußeren Kern hat, ist der äußere Kern des Mondes immer noch ziemlich fest. Allerhöchstens etwas zähflüssig.

Also nicht aus Käse?

Leider nein. Wenn es je Käse im Mond gab, müssen Wallace und Gromit ihn bereits mitgenommen haben.

---

* Lies mehr dazu in »Warum passieren Erdbeben nicht überall gleichzeitig?« (Seite 64), um besser zu verstehen, aus was die Erde besteht und wie das alles zusammenpasst.

Gibt es UFOs wirklich und könnte mein Mathelehrer ein Außerirdischer sein?

UFOs existieren tatsächlich, sie werden andauernd gesichtet. Aber es gab bisher noch kein UFO, das ein Raumschiff von Außerirdischen war. Und dein Mathelehrer ist wahrscheinlich einfach nur ein (seltsamer) Mensch – egal, wie außerirdisch er sich benimmt.

Warte mal – du hast gesagt UFOs existieren wirklich?
JA. Definitiv. Sie werden dauernd gesichtet, überall auf der Welt.

Ah ja, verstehe. Es gibt also fliegende Untertassen, du verheimlichst das nur wie all die anderen gerissenen Wissenschaftler, so wie in Akte X . . .
Nein, tue ich nicht.

Ja, logisch – das musst du natürlich sagen. Du bist ja einer von ihnen.
Hör mal zu. »UFO« bedeutet einfach »Unbekanntes Flugobjekt«, stimmt's? Damit ist im Grunde alles am Himmel gemeint, was man nicht vernünftig benennen kann, was also zum Beispiel kein Flugzeug, Gleitschirm, Hubschrauber, Ballon oder Vogel ist.

La, la, la . . . ich höre nicht zu-hu . . . du versuchst nur, Gehirnwäsche mit mir zu machen . . . mit diesen fiesen Verschwörungstheorien der Regierungen . . . la, la, la . . .

Stopp! Hör mir mal zu. Ich mache keine Gehirnwäsche mit dir. Es bedeutet einfach nur, dass sogar ein Tennisball oder eine Frisbeescheibe UFOs sein können, zumindest vorübergehend (so lang bis jemand sagt: »Hey, warte mal – das ist nur eine Frisbeescheibe!«).

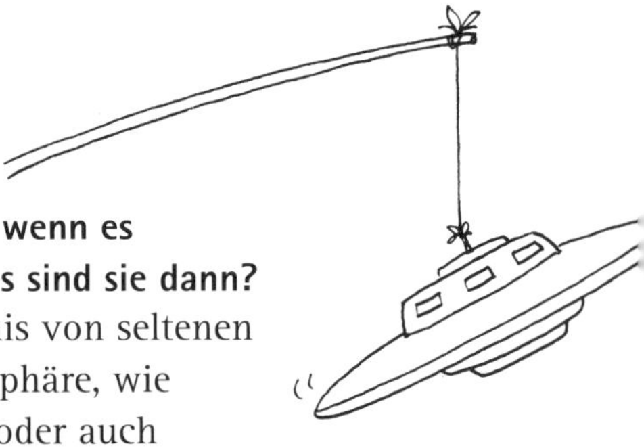

Ja, klar, sowieso. Einige sind riesig und leuchten im Dunkeln. Aber wenn es keine Raumschiffe sind, was sind sie dann?

Einige sind nur das Ergebnis von seltenen Phänomenen in der Atmosphäre, wie etwa sogenannte Kobolde oder auch Kugelblitze. Wissenschaftler sind sich immer noch nicht ganz sicher, wie sie genau entstehen, weil man sie nicht lange beobachten kann. Eine Theorie ist, dass ein Blitz Teile von Stickstoffatomen aus der Luft löst, was einen glühenden Ball aus farbigem Plasma (oder superheißem Gas) hinterlässt.

Kobolde bilden sich in der oberen Atmosphäre, etwa 20 Kilometer über dem Boden. Jeder einzelne dieser Blitze leuchtet nicht mal eine Sekunde lang, aber wenn viele nacheinander erscheinen, können sie aussehen wie ein einziges schnelles Objekt.

Kugelblitze können näher über dem Boden auftreten, sie sehen aus wie eine unheimliche glühende Kugel (manchmal mit Schweif). Diese Kugel kann für mehrere Sekunden herumschweben, bevor sie verschwindet oder sich in einen Gegenstand in der Nähe entlädt.

Was ist mit den UFOs, die länger als eine Sekunde zu sehen sind?

Einige UFOs stellten sich als sehr seltene militärische Flugobjekte heraus. Deren Existenz wird zwar im Moment ihrer Entdeckung gerne geheim gehalten, aber die Menschen erfahren später, was es wirklich war. (Stell dir mal vor, wie seltsam ein moderner Tarnkappenbomber vor 30 Jahren gewirkt hätte.) Andere UFO-Meldungen sind einfach nur Scherze, manche ziemlich gut gemacht (mit hollywoodmäßigen digitalen Effekten), andere ziemlich billig (so à la »Frisbeescheibe-hängt-an-Schnur-vor-Kamera«).

Und was ist mit den Kornkreisen in Getreidefeldern, die man entdeckt hat? Die sollen doch auch von Außerirdischen sein.

Ein kluger Schabernack, er wurde aber entlarvt. Die Kreise wurden von zwei Leuten mithilfe von Brettern und Seilen gezogen. Sie gaben es sogar zu und zeigten, wie sie das gemacht hatten.

Aber was ist mit Außerirdischen, die Menschen entführen?

Na ja, es gibt viele Berichte darüber, aber überleg doch mal selbst: Fast alle dieser Berichte stammen aus den USA, Großbritannien oder Frankreich. Diese drei Länder machen nur 6% der Landmasse der ganzen Welt aus. Also müssen die Außerirdischen entweder die restlichen 94% der Welt (und die ganze südliche Halbkugel) übersehen . . . oder wir übersehen die Belege!

Alleine in den USA behaupten 5 Millionen Menschen, sie seien in den letzten 5 Jahren von Außerirdischen entführt worden. Das sind 2.470 pro Tag. Man sollte meinen, dass irgendjemand solchen UFO-Verkehr am Himmel mitbekommen müsste . . .

Außerirdische sind also nicht echt?
Das habe ich nicht gesagt. Es könnte schon sein, dass es da draußen Außerirdische gibt. Es ist nur so, dass wir ziemlich sicher noch keine getroffen haben. Wenn du Beweise suchst, kannst du im Internet beim SETI-Projekt (das ist die englische Abkürzung für: »Suche nach außerirdischer Intelligenz«) mitmachen. Die haben auch noch keine Außerirdischen gefunden, aber sie haben bessere Chancen, welche zu entdecken, als jeder andere im Internet.

. . . und mein Mathelehrer ist also auch keiner?
Wahrscheinlich nicht. Ich kann das natürlich nicht ausschließen, doch ich wette, er ist eher un-menschlich, als nichtmenschlich. Das war meiner jedenfalls. Aber tu lieber, was er sagt, man weiß ja nie . . .

Was würde passieren, wenn man in einem Weltraumanzug pupste?

Das wäre der schlimmste Pups deines Lebens: Du könntest ihn nicht verleugnen, du könntest ihm nicht entkommen und der Geruch würde dich auf dem ganzen Weg zurück zur Raumstation begleiten.

Könnte man nicht einfach eine Klappe oder irgendwas aufmachen?
Du meinst, den Anzug öffnen? Äh . . . negativ. Das würdest du nicht wirklich wollen.

Aber warum nicht? Würde man ersticken?
Nein, nicht unbedingt. In vielen Raumanzügen ist der Sauerstoffvorrat im Helm untergebracht, du könntest also weiteratmen, auch wenn du woanders eine Klappe öffnen würdest.

Warum öffnet man dann nicht einfach eine praktische Poklappe?
Keine gute Idee. Glaub mir!

Aber wieso?
Okay, du wolltest es wissen . . .

Für einen Astronauten im Weltraum ist der Anzug alles, was zwischen ihm und dem tödlich luftleeren Vakuum da draußen steht. Öffne eine Klappe im Anzug, um den Pups rauszulassen, und dein Blut würde kochen, deine Haut und deine inneren

Organe würden anschwellen und . . . zum Schluss würdest du erfrieren.

Autsch, das wäre schmerzhaft. Aber warum würde das passieren? Und wie kann man gleichzeitig verkochen und erfrieren?
Das hat alles denselben Grund: Im Weltraum gibt es um dich herum keine Atmosphäre. Es gibt also nichts, was deinen Körper unter Druck hält, und auch nichts, was Hitze abfangen oder speichern kann.

Das verstehe ich nicht.
Okay, lass es mich erklären. Auf der Erde drückt die Atmosphäre andauernd gegen deinen Körper. Ohne diesen Druck würde dein Blut kochen. Es gibt nämlich zwei Arten, wie man Flüssigkeiten zum Kochen bringt: Die eine ist, sie aufzuheizen und damit die schwachen Bindungen der Moleküle in der Flüssigkeit zu zerbrechen. Die andere ist, den Druck rund um die Flüssigkeit zu senken und damit die Kraft wegzunehmen, welche die Moleküle dicht zusammengedrängt hält. Dadurch können die Moleküle auseinandertreiben und die Flüssigkeit verwandelt sich in Gas.

Deine Bluttemperatur liegt normalerweise bei 37°C und wird durch den Druck der Atmosphäre schön flüssig gehalten. Aber im Weltraum *gibt* es keine Atmosphäre, also sind 37°C genug, um deine Körperflüssigkeiten zum Kochen zu bringen. Ein Raumanzug verhindert das, indem er den Körper stetig unter Druck hält. Der Trick dabei ist, dass der Anzug innen aufgepumpt wird (wie ein Fahrradschlauch) und so dauernd gegen deine Haut drückt. Aber wenn man diesen Druck ablassen würde – indem man beispielsweise eine praktische Poklappe öffnet –, würde dein Blut zu kochen beginnen. Weil sich das Blut dadurch ausdehnt, würden außerdem deine Haut und deine Organe anschwellen.

Uuuh. Das ist ja fies. Okay, und was war mit dem Erfrieren?
Das wäre dann der zweite Teil – wenn das Blut verkocht wäre und du dich im Schatten befinden würdest (zum Beispiel, wenn die Erde, der Mond oder dein Raumschiff zwischen dir und der Sonne stehen). Ohne eine dicke Atmosphäre aus Gasen, die die Hitze speichert, erreichen die Weltraumtemperaturen im Schatten gut unter –100°C. Ein Raumanzug ist mit besonders isolierendem Material gefüttert, damit deine Körpertemperatur im Anzug erhalten bleibt. Öffne eine Klappe im Anzug und die ganze Wärme rauscht in den Weltraum – und du erfrierst innerhalb von Sekunden.

Also: Wenn du in einem Raumanzug pupst, wirst du den Gestank nicht mehr los?
Genau. Natürlich wird auch etwas davon im Lebenserhaltungssystem des Anzugs wiederverwertet, du wirst also viel davon wieder einatmen.

Uaah!
Der Rest wird entweichen, wenn du zurück in der Raumstation bist und deinen Anzug ausziehst. Was dich ohne Zweifel sehr unbeliebt beim Rest der Truppe machen wird – man kann nämlich in der Raumstation kein Fenster aufmachen!

Also keine Bohnen zum Mittagessen im Weltraum?
Nein. Außer du stehst drauf, auf dem ganzen Rückweg als »Käpt'n Pupshose« angesprochen zu werden . . .

Was ist ein Schwarzes Loch und was würde passieren, wenn ich in eins davon hineinfiele?

Das ist ein außerordentlich massereiches Objekt, das nach dem Tod eines Sterns zurückbleibt. Ihm entrinnt nichts mehr – nicht einmal Licht. Wenn du in eins davon hineinfielest, würdest du in tausend Stücke gerissen, verbrannt oder für immer und ewig gefangen sein. Wahrscheinlich all das auf einmal.

Schwarze Löcher sind tote Sterne?
Ja, sozusagen. Obwohl nicht alle Sterne als Schwarze Löcher enden – einige verbrennen einfach. Sonst gäbe es sehr viele Schwarze Löcher.

Also, wie entstehen sie dann?
Falls ein Stern groß genug ist – und wir reden hier über Sterne, die mindestens 20- bis 25-mal größer als die Sonne sind –, beendet er sein feuriges Leben in einer riesigen Explosion, die man *Supernova* nennt. Dann wird die äußere Schale des Sterns auseinandergerissen und sein innerer Kern fällt in sich zusammen.
Bei einigen Sternen formt sich dieser Kern zu einem kleinen, dichten Klumpen und der Stern beendet damit sein Leben. Bei anderen wird dieser Kern immer kleiner und dichter. Seine Schwerkraft ist so stark, dass alles, was in seiner Nähe ist, eingesaugt wird und für immer gefangen ist. Du musst dir das vorstellen wie einen gewaltigen, unsichtbaren Whirlpool im Weltraum.

Cool. Aber warum sind sie unsichtbar?
Weil nichts, was sich in einer bestimmten Entfernung zum Zentrum des Schwarzen Lochs befindet (das ist eine Grenzlinie, die man »Ereignishorizont« nennt), ihm je wieder entrinnen kann. Nicht einmal Licht! Albert Einstein fand heraus, dass sich Licht und auch ein paar andere Dinge um massereiche Objekte biegen, und zwar durch ihre Schwerkraft. Wenn das Objekt außerordentlich massereich ist, so wie ein Schwarzes Loch, dann dreht sich jeder Lichtstrahl spiralförmig in das Loch hinein und entkommt ihm nie wieder. Es produziert also nicht nur selbst KEIN Licht (anders als ein Stern), man sieht nicht einmal Licht, das von ihm reflektiert wird (so wie bei Monden und Planeten). Dadurch wird es unsichtbar und wir können es nur als »Lücke« im Weltraum wahrnehmen. Du kannst dir vorstellen, dass so etwas nicht leicht zu entdecken ist.

Aber woher wissen wir dann, dass es sie überhaupt gibt?
Man sucht nach Lichtstrahlen in ihrer Nähe, die zu ihnen hingebogen sind. Das muss Licht sein, das nah an einem Schwarzen Loch vorbeigeht und von ihm angezogen wird, aber nicht so nah dran ist, dass es geschluckt wird. Wenn man solche Lichtstrahlen entdeckt hat, sucht man nach Röntgenstrahlen. Denn Dinge, die vom Schwarzen Loch eingesaugt werden, heizen sich auf, und wenn sie heiß genug sind, senden sie Röntgenstrahlen aus. Entdeckt man also ein seltsames Muster von gebogenen Lichtstrahlen im Weltraum und dazu noch Röntgenstrahlen, dann besteht eine gute Chance, dass es ein Schwarzes Loch ist.

Warum passieren denn all diese fiesen Sachen mit einem, wenn man in ein Schwarzes Loch fällt?
Nun, du würdest durch die Gezeitenkräfte, die durch die superstarke Schwerkraft entstehen, auseinandergerissen werden.

Wenn du nämlich mit den Füßen voraus in das Schwarze Loch hüpfen würdest, würden deine Füße und Beine schneller aufgesaugt werden als dein Oberkörper und dein Kopf. Dein Körper würde also total in die Länge gezogen werden wie ein Gummiband, bis du irgendwann zerreißt.

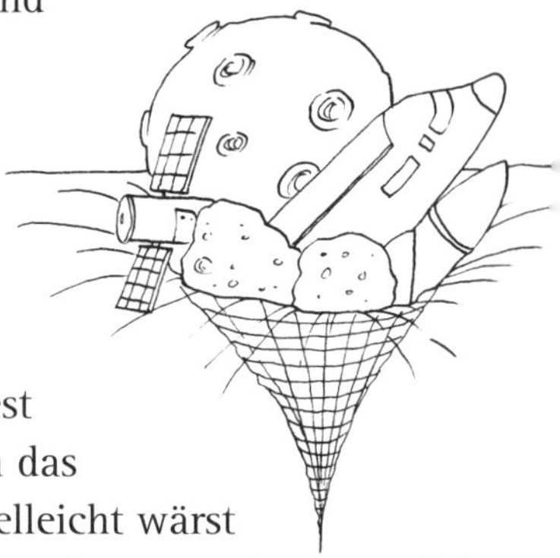

Autsch!
Aber nehmen wir mal an, du würdest von einer superschnellen Kanone in das Schwarze Loch gefeuert werden. Vielleicht wärst du schnell genug, um bis in die Mitte zu kommen, bevor es dich zerreißt. Doch selbst dann würden dich die Röntgenstrahlen zerfetzen, bevor du ganz durch wärst.

Iih! Aber was wäre, wenn man das trotzdem irgendwie überleben könnte? Was würde dann passieren?
Tja, das weiß keiner so genau. Wir wissen, dass du der Schwerkraft des Schwarzen Lochs nie wieder entkommen könntest. Du würdest also für immer gefangen sein. Aber einige Wissenschaftler halten es für möglich, dass Schwarze Löcher eigentlich *Wurmlöcher* im Weltraum sind. Also Verbindungskanäle zu anderen Punkten im Universum oder sogar zu anderen Universen. Aber wenn man mal genau darüber nachdenkt: Selbst wenn du lebendig hineinkämst, ist es nicht klar, wie du dem Ausgang auf der anderen Seite wieder entkommen könntest. Denn das wäre ja auch ein Schwarzes Loch.

In die Länge gezogen, zerrissen, verbrannt, gefangen? Erinnere mich dran, dass ich das nie ausprobiere . . .
Geht klar! Es gibt vermutlich sicherere Arten zu reisen.

Könnten Kometen oder Asteroiden wirklich die Erde zerstören, wenn sie uns träfen – so wie im Film?

Sie könnten vermutlich nicht den ganzen Planeten zerstören, aber sie könnten uns einen heftigen Schlag verpassen und das Leben auf der Erde auslöschen. Und sie von ihrem tödlichen Kurs auf die Erde abzubringen, wäre wohl auch nicht so einfach wie im Film . . .

Was ist eigentlich der Unterschied zwischen einem Asteroid und einem Kometen?

Also eigentlich sind sie sich sehr ähnlich: Es sind Brocken aus Gestein, Staub und Eis im Weltraum. Das ist der Schutt, der bei der Entstehung des Sonnensystems übrig blieb, und zwar die Stücke, die nicht Teil eines Sterns, Planeten oder Mondes geworden sind. Die größten Unterschiede bestehen darin, woher sie kommen und wie sie sich verhalten.

Woher kommen sie denn?

Asteroide bilden sich aus kleinen Staub- und Gesteinsteilen, die sich unter ihrer eigenen Schwerkraft so zusammenziehen, dass verschieden große Klumpen entstehen. Sie können zwischen 10 Metern und 1.000 Kilometern breit sein. In unserem Sonnensystem kreisen die meisten von ihnen in einem riesigen Ring oder Asteroidengürtel zwischen Mars und Jupiter um die Sonne. Jupiters Schwerkraft hält sie am Platz und sorgt dafür, dass sie schön verteilt bleiben und keine größeren Klumpen bilden (wie ein Mond oder ein kleiner Planet). Aber manchmal wird einer der Asteroiden aus der Umlaufbahn geschubst oder gezogen und dann kann er mit einem Planeten zusammenstoßen.

Kometen entstehen weit entfernt von der Sonne. Sie haben einen Kern (oder *Koma*) aus Staub und Eis, der von einer Schale aus Staub und Gestein umgeben ist. Die meisten beginnen ihr Leben in Kometengürteln oder Wolken weit weg von den Planeten. Von dort zieht sie die Schwerkraft der Sonne nach innen und sie fangen an, die Sonne in ausgedehnten, ovalen Bahnen zu umkreisen. Diese Bahnen können Hunderte oder gar Tausende von Jahren dauern. Wenn Kometen nah an der Sonne vorbeikommen, schmelzen sie und ziehen eine Spur von Stein, Staub und Wasserdampf hinter sich her, die wir dann als Kometenschweif sehen können. Einige Kometen drehen sich irgendwann spiralförmig nach innen und stürzen in die Sonne. Für dieses Schauspiel gibt es auch einen Namen in der Astronomie: Man nennt diese Kometen Sonnenstreifer.

Wurden wir schon mal von einem Kometen getroffen?

Man weiß nicht genau, ob die Erde schon mal von einem Kometen getroffen wurde, aber ein paar ordentlich große Asteroiden haben uns garantiert schon mal erwischt. Die sind etwas häufiger. Tatsächlich explodiert mehr als einmal pro Jahr einer dieser ziemlich großen Asteroiden in der oberen Atmosphäre – mit der Kraft einer kleinen Atombombe!

Aber zum Glück gab es schon lange keine richtig großen Asteroideneinschläge mehr. Der letzte wirklich große Asteroid hat uns 1908 getroffen (zumindest vermutet man, dass das ein Asteroid war). Er explodierte über der Region Tunguska in Sibirien. Mit der Kraft von tausend Atombomben machte er mehr als 1.500 Quadratkilometer Wald platt. Aber das war gar nichts im Vergleich zu dem Komet oder Asteroid, der in Chicxulub in Mexiko einen riesigen Krater hinterließ. Das war allerdings schon vor etwa 65 Millionen Jahren und man glaubt, dass er – unter anderem – praktisch alle Dinosaurier getötet hat.*

Was würde denn passieren, wenn uns morgen so ein großes Ding treffen würde?

Also, wenn man den Chicxulubkrater als Vergleich nimmt, würde ein sehr großer Asteroid in die Atmosphäre eindringen, als ob sie gar nicht da wäre. Die Explosion durch diesen Aufprall würde den Asteroid, die Erdoberfläche und so gut wie alles in einem Umkreis von 100 Kilometern zum Verdampfen bringen. Zurück bliebe ein etwa ebenso großes Loch im Boden. Durch die Kraft der Explosion würden Staub und Steine unglaublich weit ins Weltall geschleudert werden – bis auf die Umlaufbahn des Mondes! Der Rest würde wie Feuer wieder auf uns hinunterregnen und alles kochen, was sich nicht tief unter der Erdoberfläche versteckt hält. Außerdem würde sich der Staub in einer dunklen, alles erstickenden Wolke um die Erde legen und die Sonne für etwa ein Jahr verdunkeln. Das wiederum würde alles pflanzliche Leben und auch die meisten Tiere töten. Also: Selbst wenn du die Explosion überleben würdest, müsstest du vermutlich verhungern.

Könnte man sich nicht einfach unter der Erdoberfläche verstecken – mit einem Vorrat an Fertignudeln für ein Jahr, oder so?

Vielleicht. Aber selbst wenn Fertignudeln so nährreich wären (was sie nicht sind), ist es unwahrscheinlich, dass du davon für alle Menschen einen Vorrat für ein Jahr organisieren könntest.

Könnten wir die Asteroiden oder Kometen nicht einfach zerschießen?

Leider nein. Nicht mal Bruce Willis könnte das. Alle unsere Bom-

* Lies weiter bei »Warum gibt es keine Dinosaurier mehr?« (Seite 141).

ben und Raketen zusammen könnten einem großen Asteroid oder Kometen höchstens eine Beule verpassen. Aber es könnte tatsächlich gelingen, ihn von seinem Kurs abzubringen, wenn wir ihn seitlich träfen. Einige Wissenschaftler haben sogar die Idee, eine Art Solarsegel an einen Asteroid zu spannen, sodass die Sonnenwinde ihn nach und nach vom Kurs ablenken.

Das ist ja total verrückt!
Nicht so verrück, wie ein Jahr lang nur Fertignudeln zu essen.

Gut zu wissen: Steine im Weltraum

Asteroid: jedes der Tausenden von kleinen (mit 10 m bis 1.000 km Durchmesser) steinigen Objekte, die um die Sonne kreisen.
Asteroidengürtel: ein Ring aus Asteroiden, der um die Sonne kreist. Der größte Asteroidengürtel innerhalb unseres Sonnensystems liegt zwischen Jupiter und Mars.
Komet: ein Objekt aus Staub, Eis und Gestein, das schmilzt, wenn es sich der Sonne nähert. Dann entweichen Gase, die wir als langen Schweif oder als Spur am Nachthimmel sehen.
Meteor: ein Lichtstrahl am Himmel, den man sieht, wenn ein kleines Objekt in die Erdatmosphäre eindringt und verbrennt. Eine Sternschnuppe.
Meteorschauer: viele Meteore, die zusammen gesichtet werden und aussehen, als kämen sie von einem gemeinsamen Punkt am Himmel.
Meteoroid: ein Klumpen aus steiniger Materie, meistens kleiner als ein Asteroid. Wenn er in der Erdatmosphäre verbrennt, entsteht ein Meteor (Sternschnuppe).
Meteorit: ein kleiner Klumpen aus Gestein, der es bis auf die Oberfläche eines Planeten oder Mondes geschafft hat und dort aufschlägt.
Mikrometeorit: ein winziger Meteorit. Millionen von ihnen treffen jeden Tag die Erde.

Wie hörte sich der Urknall an?

Wie NICHTS, weil
1. niemand da war, der ihn hätte hören können,
2. Geräusche nicht durch den Weltraum reisen können,
3. es noch keinen Weltraum gab, durch den die Geräusche hätten reisen können und
4. weil es sowieso keinen echten Knall gab.

Was??? Warte mal! Ich glaube den ersten Teil kapier ich . . .
Richtig, der erste Teil ist einfach. Der Urknall – also der gigantische Ausbruch von Materie und Energie, der die Ausdehnung des Universums ausgelöst hat – passierte vor etwa 13 Milliarden Jahren. Das ist eine wirklich lange, lange Zeit.

Ich will versuchen, dir eine Vorstellung davon zu geben, wie lange das her ist: Unser Planet, die Erde, ist nur etwa 4,5 Milliarden Jahre alt (das sind 4.500.000.000 Jahre). Das Leben auf der Erde entstand erst vor 3 Milliarden Jahren. Die ersten Menschen traten erst vor ungefähr 40.000 Jahren auf den Plan. Die alten Ägypter, Römer und so weiter hatten ihren Auftritt erst vor 3.000 Jahren. Man könnte also durchaus sagen, wir haben den Urknall deutlich verpasst.

Okay. Aber wenn wir dabei gewesen wären, wie hätte er sich angehört?
Wie nichts. Nada. Null. Niente. Es gab keinen Pieps. Totale Stille.

Häh? Aber warum das?
Also: Damit du einen Ton hörst, muss er *von* etwas ausgehen (zum Beispiel von einem Wecker oder einem Gewehrlauf), er muss *durch* etwas durchreisen (also durch Luft oder durch

Wasser) und *in deine Ohren* gelangen, wo er an deinem Trommelfell wackelt. Dann übersetzt dein Gehirn dieses Wackeln in einen Klang oder Knall (zum Beispiel *Rrrrring!* oder *Bäng!*).

Das Problem bei einem Knall im Weltraum ist, dass – selbst wenn du einen Knall erzeugen würdest – es nichts[*] gibt, durch das er hindurchreisen könnte, also würde er gar nicht bis zu deinen Ohren gelangen. (Dasselbe gilt für explodierende Raumschiffe in Filmen – man würde auch das nicht hören.)

Selbst wenn du also direkt neben dem Urknall herumgeschwebt wärst, hättest du keinen Pieps gehört.

Einige Wissenschaftler haben gezeigt, dass man die Strahlung, die vom Urknall übrig geblieben ist, mithilfe von Computerprogrammen in einen hörbaren Ton umwandeln kann. Aber auch wenn man das tut, klingt es immer noch eher wie ein andauerndes Summen als wie ein richtiger »Wumms«!

Aber das ist doch Mist! Wieso nennt man es dann Urknall?
Na ja, es war eine große Explosion, jedenfalls so was Ähnliches. Es war eine Explosion von Materie, Energie und Raum. Es gab eben nur keinen Knall.

Und außerdem würde sich »Die große Explosion von Materie und Energie« auch blöd anhören, oder?

Okay, gut, man konnte also den Urknall nicht hören, weil man Geräusche im Weltraum einfach nicht hören kann. Verstanden.
Ähm . . . nicht ganz. Es gibt noch ein anderes Problem. Vor dem Urknall gab es auch noch keinen Weltraum.

Äh . . . wie bitte? Wenn es noch keinen Weltraum gab, was gab es denn dann?
Nichts. Absolut nichts. Der Urknall hat nicht nur die ganzen

[*] Oder sozusagen fast nichts – lies weiter in »Woraus besteht der Weltraum?« (Seite 13) für eine genaue Erklärung.

Sterne und Planeten geschaffen, die im Weltraum herumschweben. Er hat auch den Weltraum selbst geschaffen. Der Weltraum ist nicht einfach nichts, er ist wie ein Tuch, in das die Galaxien, Sterne und Planeten hineingewebt sind. Der Urknall begann an einem kleinen Punkt und dehnte sich aus. Und dabei schuf er gleichzeitig das »Weltraumtuch«.

Uah!!! Wenn es damals NICHTS gab, worin ist er dann explodiert? Was war vor dem Urknall da?
Nichts. Vor dem Urknall existierte nichts. Weder Raum oder Zeit noch das Universum. Natürlich könnte es andere Universen gegeben haben . . .

Oh Gott! Ich glaube, ich brauche eine Pause.
Gute Idee. Entspann dich einfach und denk an nichts.

Aaaaaaaaaaaaaaaaaaaaah!!!!!!!!!
Tschuldigung.

Der wütende Planet

Planet Erde. Dritter Felsen von der Sonne, 12.800 Kilometer Durchmesser, mit einer Masse von etwa 6 Trilliarden Tonnen (das ist eine Zahl mit 21 Nullen). Er besitzt Wälder und Ozeane, Gebirge und Ebenen, Wüsten und Gletscher. Die Erde ist nicht nur für uns ein Zuhause, sondern auch für die Milliarden von Tieren, Pflanzen, Pilzen und Bakterien, mit denen wir sie teilen. Sie ist der einzige uns bekannte Ort im ganzen Sonnensystem, an dem Leben möglich ist – wenn nicht sogar der einzige im Universum.

Warum scheint sie dann so wild entschlossen zu sein, uns loszuwerden?

Ja, wirklich, ist doch so: Wenn sie uns nicht gerade mit Regen und Stürmen traktiert, dann erschreckt sie uns mit Blitzen oder zerstört unsere Häuser durch Erdbeben und Tsunamis.

Da muss man doch annehmen, wir hätten irgendetwas getan, um sie zu ärgern. Vielleicht haben wir das auch, wenn man an die globale Erwärmung denkt.

Lass uns gemeinsam mehr herausfinden . . .

Warum ist der Himmel blau?

Das ist einfach, ehrlich. Weil der Himmel schlicht und ergreifend ein Haufen Luft ist, der am Planeten klebt, und weil Luft nicht durchsichtig ist, sondern blau.

Äh. Warte mal – was sagst du da? Ich dachte, Luft sei unsichtbar?

Ah, siehst du, da liegt das Problem. Kleine Mengen von Luft *sind* ziemlich klar oder transparent (und nur ganz, ganz schwach bläulich). Daher *scheint* es uns so, als sei Luft unsichtbar.

Aber wenn man einen großen Batzen Luft an einer Stelle hat und dann versucht hindurchzuschauen, sieht man, dass all das »Bläuliche« zusammen zu einem richtigen, deutlichen Blau wird. Und genau das sehen wir am Himmel: eine gigantische Schicht aus Luft, die aus Milliarden und Milliarden von ganz schwach bläulichen Luftmolekülen besteht. Und damit haben wir einen wunderschönen himmelblauen . . . äh . . . Himmel.

Ist das alles? Der Himmel ist blau, weil die Luft ein bisschen blau ist?

So ziemlich. Das Gleiche gilt für Wasser in Seen oder im Meer: Sie sehen blau aus, weil auch Wasser nicht farblos ist. Es ist leicht blau. Wenn du durch Tausende von Litern Wasser hindurchschaust, ist es blau.

Aber wenn man nur ein Glas Wasser vor sich hat, sieht es farblos aus. Deshalb ist auch die flache Wasserschicht am Strand, die mit jeder Welle hereinkommt, klar und durchsichtig, aber das Meer selbst ist blau.

Aber ich habe gehört, das Meer sei blau, weil es den Himmel reflektiert!
Tut mir leid. Viele Leute (sogar manche Lehrer!) sagen das, aber es ist einfach nicht richtig. Überleg mal: Hast du noch nie blaues Meer unter einem wolkig-weißen oder grauen Himmel gesehen? Eben. Das Meer sieht an wolkigen Tagen vielleicht nicht so strahlend blau aus, weil die Wolken weniger Licht durchlassen und also weniger Licht ins Wasser scheint und vom Wasser zurückgeworfen wird. Aber das Meer ist dann immer noch blau und nicht grau oder weiß.

Aber das ist ja total simpel!
Ja! Wenn du jetzt natürlich noch wissen willst, *warum* Luft überhaupt blau ist, dann könnte es wirklich interessant werden.

Dann mach weiter.
Die Leute verwenden die Wörter »Luft« und »Sauerstoff« oft so, als würden sie dasselbe bedeuten. In der Luft ist zwar viel Sauerstoff, aber das, was wir Luft nennen, ist in Wirklichkeit eine Mischung aus vielen verschiedenen Gasen. Darunter sind so seltsame Gase wie Xenon und Argon, aber der größte Teil besteht aus Stickstoff (etwa 78%) und Sauerstoff (etwa 21%). Gut. Wenn also das Sonnenlicht auf diese Gasmoleküle trifft, geht ein Teil dieses Lichts direkt durch sie hindurch, und ein Teil wird von den Molekülen aufgenommen und wieder zurückgeworfen. Und jetzt kommt der knifflige Part: Das Sonnenlicht ist weiß, aber weißes Licht enthält in Wirklichkeit alle Farben des Regenbogens. Wissenschaftler nennen es das *Spektrum* des sichtbaren Lichts. (Isaac Newton hat uns das schon vor ein paar Hundert Jahren mithilfe von Glasscherben gezeigt, die das Licht brechen.)

Okay . . .
Farben sehen für uns so unterschiedlich aus, weil sie jeweils

unterschiedliche *Frequenzen* haben. Mach dir jetzt mal keinen Kopf, was »Frequenz« bedeutet – es reicht zu wissen, dass das blau-grüne Ende des Spektrums eine höhere Frequenz hat als das rot-orange-farbene Ende. Gelbes Licht hat also eine höhere Frequenz als rotes Licht, grünes eine höhere als gelbes, blaues Licht hat eine höhere Frequenz als Grün und so weiter.

Puh . . . mein Hirn tut weh . . .

Ist okay, wir haben es gleich. Du erinnerst dich an die Gasmoleküle in der Luft? Also, sie nehmen vor allem die höheren Frequenzen des Lichts auf und streuen sie dann wieder, das heißt vor allem Grün und Blau. Die niedrigeren Frequenzen (Rot und Orange) gehen glatt durch sie hindurch. Wenn nun das Sonnenlicht durch die Luft in die Erdatmosphäre eindringt, werden die blauen Teile des Lichts viel stärker gestreut als die roten Teile. Diese blauen Teile werden über den ganzen Himmel verstreut. Wenn wir also in den Himmel schauen, scheinen die blauen Teile von überall herzukommen. Daher also der weite blaue Himmel.

Kapiert! Aber was ist dann beim Sonnenuntergang? Da sieht der Himmel doch rot aus?

Bei Sonnenuntergang oder auch bei Sonnenaufgang steht die Sonne sehr tief über dem Horizont. Ihr Licht muss dann also diagonal durch die Atmosphäre dringen (statt gerade hinunter, wenn die Sonne direkt über uns steht). Das bedeutet, dass das Licht durch mehr Luft als sonst hindurchstrahlen muss, bevor es in dein Auge dringt. Mehr Luft heißt auch stärkere Zerstreuung und dabei werden sogar die roten Teile gestreut. Bevor die Sonnenstrahlen sich also bei Sonnenuntergang vor uns verstecken und immer dann, wenn sie bei Sonnenaufgang wieder auftauchen, können wir einen glühenden Himmel in feuerrotem, gestreutem Licht bewundern.

Könnte man sich durch die Erde bis nach Australien graben?

Ähm . . . nein, nicht wirklich. Selbst wenn man so tief graben könnte, würde man zerquetscht oder geschmolzen, bevor man dort ankommt. Und zwar von den sengenden Temperaturen und den extremen Druckkräften im Erdinneren.

Warum ist es denn im Inneren der Erde so heiß?
Als der Planet vor etwa 4,5 Milliarden Jahren entstand, zog er mit seiner Schwerkraft enorme Mengen von Gestein und Eis an – in Form von Asteroiden und Kometen.* Diese glühenden Raketen bombardierten die Erde ohne Unterlass für Tausende von Jahren. Die riesige Menge an Energie, die dabei frei wurde, ließ den Planeten schmelzen. Seitdem kühlt er ab und während die äußerste Schicht schon so kalt geworden ist, dass sich eine harte Schale bilden konnte, ist das Innere der Erde immer noch zum größten Teil flüssig oder halbflüssig (ein bisschen wie zähes, geschmolzenes Plastik).

Wir leben demnach auf dem harten Teil?
Genau. Wir und alles andere auf dieser Erde leben auf dieser dünnen Schale oder Kruste. Sie ist an manchen Stellen weniger als 10 Kilometer dick, zum Beispiel unter den tiefsten Stellen am Meeresboden, aber woanders ist sie bis zu 50 Kilometer stark, wie etwa unter dem Mount Everest.

* Mehr Details über Kometen und Asteroiden findest du in »Könnten Kometen und Asteroiden wirklich die Erde zerstören, wenn sie uns träfen – so wie im Film?« (Seite 49).

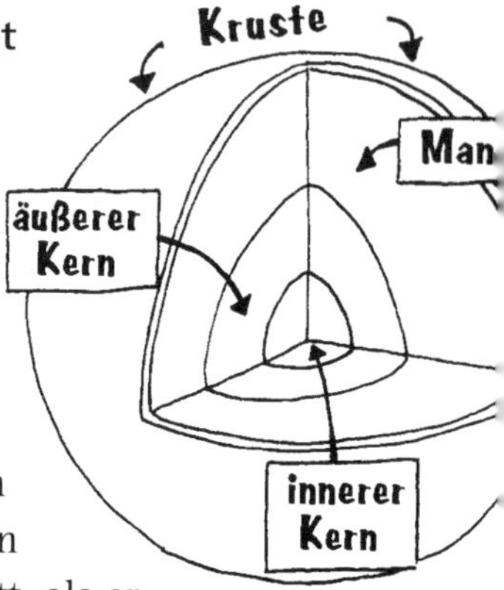

Wenn das so ist, müsste es doch leicht sein, einmal quer durch die Erde zu graben?
Na ja, das tiefste Loch, das bisher gegraben wurde, war 12.262 Meter tief. Man bohrte dafür 19 Jahre lang (von 1970 bis 1989), und zwar auf der russischen Kola-Halbinsel in der Nähe der norwegischen Grenze. In dieser Tiefe betrugen die Temperaturen über 300°C und der Bohrer ging kaputt, als er auf eine Ablagerung aus geschmolzenem Schwefel stieß. Trotzdem war das immer noch nicht tief genug, um durch die Erdkruste zu dringen, da das Loch ja nicht am Meeresboden gebohrt worden war. Also kurz gesagt: Nein, es ist nicht leicht.

Angenommen man könnte tiefer graben – was würde man dann finden?
Unter der Erdkruste liegt eine Schicht aus zähflüssigem Gestein und Metallen – der sogenannte Erdmantel. Er ist etwa 2.900 Kilometer dick und macht etwa 2/3 der gesamten Erdmasse aus. Er besteht zum größten Teil aus Metallen wie Eisen, Aluminium, Magnesium und Silikon, die bei Temperaturen von 1.000°C alle plastisch und verformbar sind.

Darunter liegt der Erdkern. Dieser teilt sich in einen inneren und einen äußeren Kern. Der flüssige äußere Kern ist etwa 2.400 Kilometer dick und besteht vor allem aus Schwefel und Eisen. In ihm herrschen Temperaturen von über 3.700°C. Er fließt um den festen, inneren Erdkern, der aus Eisen besteht und noch heißer ist (über 4.300°C). Doch durch einen sehr seltsamen Effekt, den man Druck-Gefrieren nennt, ist er fest. Wenn es also gelingen würde, bis in diese Tiefen zu bohren, wäre es harte Arbeit, durch diesen festen Kern zu graben!

Ja, klar. Aber was wäre, wenn man es könnte? Würde man in Australien wieder herauskommen?
Okay, angenommen man gräbt sich durch den harten inneren Erdkern. Außerdem angenommen man würde die brennend heißen Temperaturen überleben und weiterkommen – durch den äußeren Mantel und schließlich durch die Erdkruste bis zur anderen Seite. Dann hätte man es immer noch nicht bis Australien geschafft!

Warum nicht?
Weil Australien nun mal nicht direkt gegenüber von Deutschland liegt.

Was? Was liegt denn dann direkt gegenüber?
Leider nichts. Wenn du dich auf direktem Weg von Deutschland aus durch die Erde graben würdest, kämst du irgendwo südlich von Neuseeland heraus – mitten im antarktischen Ozean. Das wäre eine herbe Enttäuschung, vermute ich.

Hey, das ist nicht fair.
Hihi. Tut mir leid. Schau dir einfach mal einen Globus an. Die meisten Tunnel, die man von Europa graben würde, würden im Meer enden. Aber es gibt ein paar globale Tunnel, die du ausprobieren könntest: Von Chile nach China, von Spanien nach Neuseeland, von Brasilien auf die Philippinen, von Kanada in die Antarktis.

Bäh. Von Kanada in die Antarktis? Das macht keinen Spaß!
Tja, nur wenn du ein Eisbär wärst. Es gibt da unten nämlich viele leckere Pinguine . . .

Warum passieren Erdbeben nicht überall gleichzeitig?

Weil der Boden, auf dem wir leben, nicht aus einem Stück besteht. Er gleicht eher einem großen, felsigen Puzzle, das auf einer Kugel aus glühender Schmiere schwimmt. Die Puzzleteile bewegen sich – aber sie passen nicht richtig zusammen. Erdbeben passieren dort, wo die Teile aneinanderreiben.

Der Boden schwimmt? Auf was? Auf dem Meeresboden?

Nein, nicht ganz. Der »Boden«, auf dem wir leben, ist in Wirklichkeit die dünne äußere Erdkruste. Sie ist an manchen Stellen nur ein paar Kilometer dick. Dadurch ist sie auch ziemlich brüchig und bereits in einzelne Platten mit unregelmäßigen, zackigen Kanten zerbrochen. Unsere Meere und Ozeane befinden sich oben auf diesen bruchstückhaften Platten. Diese Platten, mit ihren Ozeanen darauf, liegen wiederum auf der Oberfläche des Erdmantels.* Man kann auch sagen, die Platten, also unser Boden, »schwimmt« auf diesem Erdmantel.

Warum versinkt der Boden nicht?

Weil es nicht viel Boden gibt und weil er nicht besonders dicht ist – verglichen mit der enormen Masse des Erdmantels untendrunter. Trotzdem bewegt er sich dauernd und an manchen Stellen sinkt er auch etwas ab.

---

* Lies weiter in »Könnte man sich durch die Erde bis nach Australien graben?« (Seite 61), wenn du wissen willst, wie die Erde im Innern aussieht.

Und wie geht das dann?

Also, die Platten treiben um die Erde. Dabei reiben sie die ganze Zeit aneinander, sie stoßen zusammen und schieben sich über- und untereinander. Das geschieht so langsam, dass wir die Bewegung nicht bemerken – aber wir sehen und spüren ihre Auswirkungen.

Zum Beispiel?

Die Form der Erdoberfläche verändert sich. Vor Milliarden von Jahren, als der Planet entstand, gab es ein riesiges Meer und einen großen Klumpen Land. Wissenschaftler nennen diese Landmasse *Pangaea*. Als die dünne Erdkruste unter ihr brach, zerbrach auch Pangaea und die einzelnen Teile trieben auseinander. Schlussendlich wurden diese Teile die heutigen Kontinente: Nordamerika, Südamerika, Afrika, Eurasien (Europa und Asien), Australasien und der antarktische Kontinent. Den Beleg dafür kann man auf einer Weltkarte erkennen. Wenn du dir die Ostküste Südamerikas und die Westküste Afrikas anschaust, siehst du, dass sie – mehr oder weniger – wie zwei Puzzleteile zusammenpassen. (Das Gleiche gilt für die Ostküste Nordamerikas und die Nordküste Europas, wenn man sie ein bisschen zurechtbiegen würde.)

Diese Bewegungen hatten noch einen anderen Effekt: Es entstand die höchste Gebirgskette der Welt – der Himalaya. Und zwar genau in dem Moment, als die Platte, die Indien trug, nordwärts trieb und mit Asien zusammenkrachte. Die Ränder der Erdplatten drückten gegeneinander und die Gebirgskette ist das sichtbare Ergebnis.

Cool. Aber was hat das alles mit Erdbeben zu tun?

Erdbeben sind eine weitere Auswirkung dieser Plattenbewegungen. Überall da, wo die Platten zusammenstoßen, aneinanderreiben oder sich übereinanderschieben, entstehen Erdbeben. In Japan, Kalifornien oder Neuseeland gibt es so viele Erdbeben, weil diese Länder auf den Grenzlinien (oder »Störungszonen«) zwischen zwei oder mehr Platten liegen.*

Aber bei Erdbeben wird doch alles hin- und hergeschüttelt, oder? Wie kann so eine Bewegung durch treibende Platten entstehen?

Die Platten gleiten nicht sanft aneinander vorbei. Ihre zerklüfteten, unregelmäßigen Ränder verkanten sich, aber die Platten bewegen sich weiter und quetschen und zerren an den Steinen am Rand. Diese Belastung kann sich über Jahre, gar Hunderte von Jahren, immer stärker aufbauen, bis sie irgendwann zu stark ist und es einen gewaltigen Rückstoß gibt. Wie bei einem Lineal, dass du zurückbiegst und dann loslässt: Es schnellt mit einem satten »Boi-oi-oing« hin und her.

Ein Erdbeben ist das Ergebnis aus dieser Pendelbewegung.

Aha. Aber wenn wir doch alles über diese Platten und ihre Bewegungen wissen, warum können wir dann keine Erdbeben vorhersagen und ihnen entgehen?

Wir können sie manchmal sogar vorhersagen. Zum Beispiel das Erdbeben, das Kalifornien irgendwann in den nächsten 30 Jahren treffen soll. Wir können an der Belastung des Gesteins erkennen, dass es ein schweres Beben sein wird. Es ist aber schwierig vorherzusagen, wann es *genau* passieren wird, weil unsere Messgeräte und unsere Technik nicht exakt genug sind. Aber wir sind schon schlauer geworden. In Japan dachten die Menschen früher, dass ein Erdbeben entsteht, weil sich ein Riesenwels, der am Meeresboden lebt, im Schlaf bewegt. Da sind wir heute doch schon ein bisschen weiter . . .

---

* Aus diesem Grund gibt es in Japan und Neuseeland auch so viele Vulkane. Lies weiter in »Wenn Lava Stein zum Schmelzen bringt, warum bringt sie dann den Vulkan nicht zum Schmelzen?« auf S. 67, um mehr darüber herauszufinden.

Wenn Lava Stein zum Schmelzen bringt, warum bringt sie dann den Vulkan nicht zum Schmelzen?

Weil geschmolzenes Gestein nur unter der Erde heiß bleibt, wo es Magma genannt wird. Wenn es einmal an der Oberfläche ist und zu Lava wird, kühlt es ziemlich schnell ab. Vulkane entstehen übrigens genau durch dieses Abkühlen der Lava. Magma wiederum kann den Vulkan auch nicht zum Schmelzen bringen, aber ein entsprechender Druck kann die Vulkanspitze wegsprengen.

Also . . . Vulkane sind aus Lava gemacht?

Ja. Na ja, sozusagen. Vulkane sind im Prinzip Löcher in der Erdkruste, durch die Gase, Asche und geschmolzenes Gestein aus dem Mantel untendrunter entwischen können.* Ihre enormen Kegel bilden sich, wenn Magma aus der Öffnung in der Mitte blubbert, abkühlt und erstarrt. Die nächste Ladung Magma blubbert nach oben und läuft über die vorherige Schicht drüber. Nach und nach entsteht ein Kegel aus erstarrtem Gestein, mit einer riesigen Vorratskammer an frischem Magma innendrin und einem Krater oder Trichter an der Spitze.

Warum explodieren sie?

Viele Vulkane explodieren nicht – sie lassen fröhlich immer neue Lavaschichten an sich herabtropfen, ohne dass sie jemals ausbrechen. Andere wiederum bilden keine neuen Lavaschichten, weil das Magma an der Spitze zu einer Art Kuppe

* Finde im Abschnitt »Könnte man sich durch die Erde bis nach Australien graben?« mehr über das Innenleben der Erde heraus (Seite 61).

aus Stein erstarrt. Oft findet das Magma dann an der Seite des Kegels einen anderen Weg nach draußen und die Lava fließt dort herab. Aber manchmal kann das Magma nicht nach draußen gelangen und der Druck unter der steinernen Kuppe wird nach und nach immer höher. Irgendwann wird dann die Kuppe weggesprengt und man sieht eine riesige Wolke, den sogenannten *pyroklastischen Strom,* aus heißen Gasen, Steinen und Asche. Und dann wird der Vulkan wirklich gefährlich. Dem Lavastrom kann man meistens noch gemütlich davonlaufen, aber diese Glutlawinen können sich mit einer Geschwindigkeit von über 160 km/h den Hang hinunterbewegen.

Das hört sich cool an. Kann ich so was bitte sehen?

In Deutschland leider nicht. Der einzige aktive Vulkan in Europa ist der Ätna auf der italienischen Insel Sizilien. Am besten reist du aber auf eine Insel im Pazifischen Ozean.

Warum ausgerechnet dahin?

Schau dir mal den Rand des Pazifiks an, das ist ein gewaltiger Ring, angefangen bei der Westküste Nord- und Südamerikas – von Alaska runter bis nach Chile, dann rüber nach Neuseeland, hoch nach Hawai Borneo und den Philippinen bis nach Japan und zurück nach Alaska.

Okay . . .

Also, entlang dieser Linie findest du etwa drei Viertel aller Vulkane auf der Welt und die meisten der Sorte »sehr gefährlich und aktiv«. Und zwar deshalb, weil sich entlang den Bruchstellen in der Erdkruste Vulkane bilden, denn hier kann das Magma aus dem Erdinneren nach oben blubbern. Anhand dieser Bruchstellen kann man die Erdkruste in 8 Hauptplatten (und etwa 12 kleinere) einteilen. Die Grenze rund um den Pazifik – bekannt als *Feuerring* – zeichnet die Ränder der großen Pazifischen Platte nach. An ihrem Rand bilden sich also Vulkane. Übrigens entstanden Japan, Neuseeland und die Aleuten bei Alaska, also die Inselkette zwischen den USA und Russland, überhaupt erst durch vulkanische Bewegungen. Dasselbe gilt für die Inselgruppe von Hawaii.

Sie sind also sozusagen »Feuer-Inseln«?
Korrekt.

Krass. Und wo gibt's dann das beste Feuer?
Der Vulkan Soufrière Hills auf der Karibikinsel Montserrat ist ganz gut. Er ist vor ein paar Jahren ausgebrochen und spuckt immer noch genug Lava und Glutlawinen aus, um die halbe Insel unbewohnbar zu machen. Ein anderer guter ist Mayon auf den Philippinen. Der brach zuletzt 1814 aus und es scheint so, als würde er bald wieder Feuer speien. Der größte Vulkanausbruch in jüngerer Zeit war 1883 auf der Vulkaninsel Krakatau in der Nähe von Java.

Und was passierte da?
Es gab einen Knall, der in fast 5.000 Kilometer Entfernung noch zu hören war. Die Explosion zerstörte über zwei Drittel des Vulkans selbst und blies genug Asche in die Atmosphäre, um teilweise die Sonne zu verdunkeln. Was wiederum weltweit die Temperaturen für drei Jahre um 1°C senkte!

Wow. Das war ein echter Knaller!
Du sagst es.

Woher kommen Tsunamis?

Ein Tsunami ist eine Gruppe von gigantischen Wellen, die nach einem Erdbeben oder einem großen Erdrutsch entstehen. Er beginnt als riesige Wasserwand, die sich buchstäblich aus dem Meer erhebt. Diese Wand bricht zusammen und wird zu einem langen, unaufhaltsamen Wellenzug, der Richtung Küste rollt . . .

Ein Zug aus Wellen? Du meinst, es gibt mehr als eine Welle gleichzeitig?

Definitiv. Das ist sogar meistens so. Bei einem typischen Tsunami (oder einer Flutwelle, wie man auch manchmal sagt), gibt es zwischen drei und fünf Wellen, die das Land am Ende überrollen – nicht nur eine.

Warum ist eine Flutwelle denn so gefährlich? Ich meine, sie besteht doch eigentlich nur aus Wasser, oder?

Das ist ganz einfach – ihre Größe macht sie so gefährlich! Sie sind so ungeheuer breit (oft reichen sie von einem Ende der Küste zum anderen und noch weiter), sogar ein 2-Meter-Tsunami kann schon Millionen von Tonnen wiegen.

Also statt dir eine »normale Welle, nur größer« vorzustellen, versuch's mal so: Ein Riese wie im Märchen marschiert durch eine Stadt, schnappt sich vier oder fünf Wolkenkratzer, watet damit ins Meer, dreht sich um und rollt die Wolkenkratzer zum Strand. Sie donnern über Häuser, Bäume und Autos hinweg und machen alles platt, was auf ihrem Weg liegt. *So* könntest du dir ungefähr die Kraft eines Tsunami vorstellen.

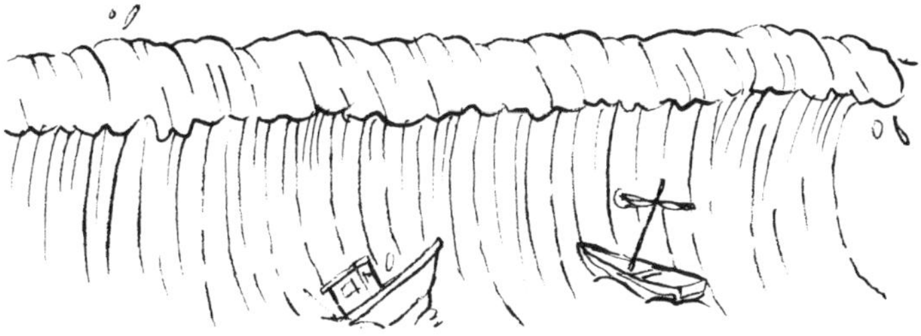

Woa. Das ist ziemlich unheimlich. Aber wie wird so eine Flutwelle überhaupt so groß?

Die Gezeiten (also Ebbe und Flut) entstehen durch die Anziehungskraft des Mondes. Wellen dagegen werden vom Wind verursacht. Aber selbst wenn der Wind sie ein bisschen aufpeitscht, werden sie nicht sehr groß. Tsunamis sind anders. Sie bilden sich normalerweise bei einem Seebeben, rund um die Bruchstelle oder Verwerfung in der Erdkruste.* Während eine Seite der Bruchstelle bei dem Beben nach oben geschoben wird, bewegt sich der ganze Meeresboden mit. Dabei wird auch eine enorme Wassermenge wie eine Wand aus dem Meer gehoben. Diese Wand wird durch nichts stabilisiert, also bricht sie zusammen. Aber da der Meeresboden unter ihr jetzt höher ist als vorher, können die Wassermassen nicht mehr an dieselbe Stelle zurückfallen, von der sie kamen. Stattdessen türmt sich das Wasser als Welle auf.

Könnte man die Entstehung dieser Wellen nicht im Meer beobachten und dann die Leute an Land rechtzeitig warnen?

Na ja, du kannst ja nicht den ganzen Tag in einem Boot oder Hubschrauber sitzen und das Meer beobachten. Und selbst wenn du das tun würdest, könntest du sie vielleicht nicht entdecken.

* Mehr zu Erdbeben und Verwerfungen in »Warum passieren Erdbeben nicht überall gleichzeitig?« (Seite 64).

Warum nicht?
Draußen auf See sind die Tsunami-Wellen teilweise nicht höher als ich. Wenn du da draußen herumschwimmst, könntest du direkt über eine drüberschaukeln und sie kaum bemerken. Sie werden erst groß, sobald sie in Küstennähe sind. Hier werden die Wellen langsamer, und zwar durch die Reibung, die entsteht, wenn sie ins flache Wasser kommen. Das heißt, ihre Geschwindigkeit wird verringert, aber ihre Höhe nimmt zu – bis zu 30 Meter oder mehr. Diese Wellen sind es also (meistens die zweite oder dritte in einer Gruppe), die den Schaden anrichten, wenn sie über das Land hinwegrollen.

Wie schnell sind sie? Könnte man noch weglaufen?
Draußen auf See bewegen sich die Wellen mit einer Geschwindigkeit von 700 km/h. In Küstennähe werden sie langsamer, bis zu etwa 60 km/h. Mit einem Auto oder Motorrad könnte man ihnen also noch entkommen. Zu Fuß bräuchtest du einen echt guten Vorsprung!

Kann man auf solchen Wellen surfen?
Vergiss es. Kein Surfen im Tsunami, Kumpel.

Buh! Spielverderber.
Und was heißt Tsunami eigentlich?
Es ist Japanisch und bedeutet »Hafenwelle«.

Das hört sich jetzt nicht besonders Furcht einflößend an.
Nee, irgendwie nicht. Aber es gibt noch ein viel besseres Wort für die Art Tsunami, die von gigantischen Erdrutschen oder Asteroideinschlägen ausgelöst wird. Diese Wellen können bis zu 300 Meter hoch werden, komplette Kontinente überfluten und Dörfer, Großstädte und ganze Zivilisationen ausradieren. Sie werden MEGA-Tsunami genannt.

Ah, das ist es. Das klingt echt horrormäßig.
Jaaaaa – und sie sind es auch. Aber zum Glück gab es so was in den letzten Millionen Jahren nicht.

Puh!

Wohin geht das Wasser bei Ebbe?

In den Weltraum! Na ja, so ähnlich. Die Erde und ihre Meere sind eiförmig und das Wasser bedeckt die Erde nicht gleichmäßig. Flut entsteht, wenn wir uns durch die Tiefen bewegen. Ebbe entsteht, wenn wir uns durch die seichten Stellen drehen.

Was? Die Erde ist ein Ei?! Ich dachte, sie wäre eine Kugel . . .
Fehlanzeige! Sie ist fast eine Kugel, aber nicht ganz. Sie ist in der Mitte ein bisschen stärker nach außen gebogen, als würde ein Riese sie zwischen Daumen und Zeigefinger an den Polen halten und zusammendrücken. Aber in Wirklichkeit wird sie nicht zusammengedrückt, sondern durch die Gezeitenkraft nach außen gedehnt.

Warte mal – bedeutet »Gezeiten« nicht Ebbe und Flut? Also wenn das Meer sich vom Land weg oder zur Küste hin bewegt?
Ja, richtig. Aber die Gezeiten müssen doch durch etwas ausgelöst werden, stimmt's? Und dieses Etwas ist die Gezeiten*kraft*. Das ist das Ziehen, Dehnen und Quetschen einer großen Landmasse an einer anderen – dank ihrer Schwerkraft. In diesem Fall zieht der Mond die Erde auseinander und ein bisschen zieht auch die Sonne an der Erde.

Äh . . . was?
Lass mich ein bisschen weiter ausholen. Wir wissen, dass die Schwerkraft eine Kraft ist, die bewirkt, dass sich Dinge anziehen. Und je größer das Objekt, desto stärker ist seine Anziehungskraft. Wir wissen außerdem, dass die Anziehungskraft

stärker wird, je näher die Objekte zusammenstehen*. Das ist so weit klar, oder?

Okay . . .

Der Mond ist ein großes Objekt und er ist einigermaßen nah an der Erde dran. Also zerrt die Schwerkraft des Mondes andauernd an der Erde. Wenn du genau darüber nachdenkst, fällt dir auf, dass eine Seite der Erde viel näher am Mond dran ist als die andere Seite – etwa 12.750 Kilometer näher dran, um genau zu sein, denn das ist der Durchmesser der Erde. Die Anziehungskraft auf der dem Mond zugewandten Seite ist also weitaus stärker als auf der anderen Seite. Das wiederum dehnt die Erde in Richtung Mond und gibt ihr eher eine etwas abgeflachte (oder eiförmige) Form statt der einer perfekten Kugel.

Aber was hat das jetzt mit Ebbe und Flut zu tun?

Der Mond zieht nicht nur an der Erde selbst, er zerrt auch an all dem Wasser, das an der Außenseite des Planeten klebt. Die Meere und Ozeane bilden eine wässrige Schale rund um die Erde, aber diese Schale ist eben auch nicht kugelförmig. Auf der Seite, die dem Mond zugewandt ist, ist das Wasser sogar noch näher am Mond dran als die Erde selbst, auf der das Wasser ja liegt. Also wird das Wasser auf dieser Seite auch stärker angezogen als das Wasser auf der gegenüberliegenden Seite. So entsteht eine eiförmige, wässrige Hülle im Weltraum, in deren Mitte die Erde gezogen wird. Jetzt hast du also eine leicht eiförmige Erde, die sich in einem eiförmigen Wasserball dreht.

Abgefahren.

Ja, ein bisschen. Aber jetzt kommt erst der eigentliche Trick:

---

* Wenn du dich daran nicht mehr richtig erinnern kannst, lies auf Seite 15 »Wieso kreisen die Planeten überhaupt um die Sonne?«.

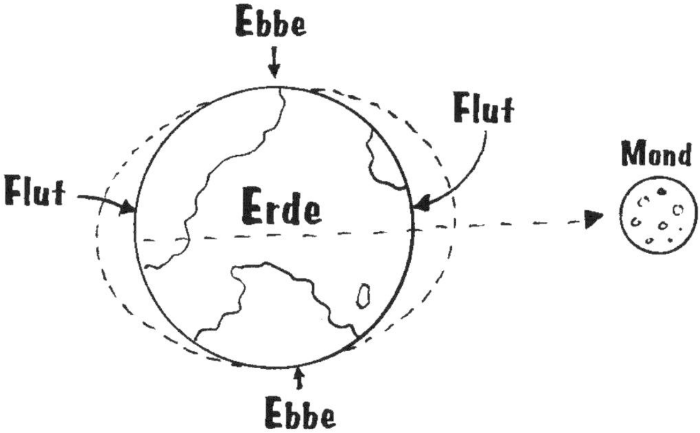

Wenn du dir diese Formen vorstellst (oder besser noch: aufmalst), siehst du, dass die Wasserhülle rund um den Planeten ungleichmäßig tief ist. Wenn das Wasser eine Art Eiform bildet, die zum Mond zeigt, dann ist es an der Spitze und am Ende des Eis am tiefsten. Entlang der Seiten ist das Wasser eher flach. Weil die Erde sich einmal pro Tag um sich selbst dreht, bewegt sich ein Punkt (sagen wir die Inselgruppe Hawaii) zweimal am Tag immer abwechselnd durch tiefes und durch seichteres Wasser. Tief – seicht – tief – seicht – innerhalb von einer Erddrehung.

Also liegen die Inseln zweimal pro Tag in tiefem Wasser (Flut) und zweimal pro Tag in seichtem Wasser (Ebbe). Und bei Ebbe »geht« das Wasser nicht irgendwohin, es wird lediglich ein bisschen im Weltraum herumgeschoben.

Cool. Aber was ist jetzt mit der Sonne? Du hast gesagt, dass sie auch an der Erde zieht?

Die Sonne zieht tatsächlich auch an der Erde und sie ist viel größer als der Mond. Aber da sie viel weiter weg ist, hat sie keinen so großen Gezeiteneinfluss (also weniger Verformungskraft) auf die Erde als der Mond. Sie zerrt allerdings ein wenig an den Ozeanen und wir sehen das an den sogenannten

Springfluten oder *Nipptiden*. Zweimal im Jahr gibt es nämlich eine besonders starke Flut und Ebbe (auch *Tide*), da die Erde sich ja um die Sonne dreht. Zu diesen Zeiten verstärkt die Anziehungskraft der Sonne die Kräfte des Mondes. Wenn du an der Küste wohnst, hast du das vielleicht schon mal gesehen.

Wenn der Mond also nicht da wäre, hätten wir keine Gezeiten?
Im Prinzip ja. Aber der Wind würde uns immer noch Wellen schicken, es wäre also nicht ganz so tragisch. Also schnapp dir dein Board – die Wellen warten auf dich, Kumpel!

Warum sterben nicht alle Fische, wenn ein Blitz ins Meer einschlägt?

Vor allem, weil das Meer sehr tief und groß ist, dadurch verteilt sich die Elektrizität so sehr, dass kaum Fische geröstet werden. Aber manche trifft gelegentlich doch der Schlag. Man sollte eben einfach nicht gegen den Strom schwimmen . . .

Gröl. Das ist ein schlechter Witz.
Tschuldigung – ich konnte nicht anders.

Also warum trifft es manche Fische und andere nicht?
Ein Blitz ist im Grunde Starkstrom, der aus einer Gewitterwolke schlägt – und Strom oder Elektrizität verhält sich auf eine bestimmte Weise. Strom bewegt sich immer auf dem einfachsten Weg zum Boden und – wo das geht – durch Material hindurch. Die meisten Materialien sind sehr durchlässig für Elektrizität. Solche Materialien nennt man *Leiter*. Meerwasser ist ein ziemlich guter Leiter. Man könnte also annehmen, dass sich ein Blitz, der ins Meer einschlägt, ganz schnell nach unten ausbreitet und alle Fische tötet. Aber in Wirklichkeit breitet sich der Blitz an der Wasseroberfläche aus und verbrutzelt vermutlich nur die Fische, die das Pech haben, genau an dieser Stelle und ziemlich weit oben zu schwimmen.

Warum erwischt es nicht mehr?
Weil es zwei Dinge gibt, die darüber entscheiden, wie weit elektrischer Strom geleitet wird. Einmal ist wichtig, wie gut der Leiter ist, und zum anderen durch *wie viel* Material der Strom hindurchmuss. Je mehr Material der Strom überwinden

muss, desto mehr Widerstand gibt es. Im Ozean sind Millionen Tonnen von Salzwasser. Obwohl also Salzwasser ein guter Leiter ist, hätte der Strom Schwierigkeiten, durch das gesamte Wasser zu kommen. Stattdessen verteilt er sich an der Oberfläche und heizt das Wasser dabei auf, bis irgendwann die elektrische Ladung verbraucht ist. Das passiert etwa in einem Umkreis von 30 Metern rund um den Blitzeinschlag.

Der Blitz könnte dich also noch treffen, auch wenn du zum Beispiel 30 Meter entfernt vom Blitzeinschlag in einem Boot sitzt?
Mit Sicherheit. Es ist sowieso keine gute Idee, bei Gewitter draußen auf dem Meer zu sein. Und außerdem – warum solltest du das tun wollen? Spekulierst du auf einen Logenplatz beim Blitzeinschlag? Womöglich noch mit ein paar Tiefkühlpommes, die du dann in letzter Sekunde ins Wasser hältst? Das wäre sehr gewagtes Extremkochen!

Ja, vielleicht. Aber das Zuschauen würde mir schon reichen. Blitze sind spannend!
Na ja, es wäre nicht allzu schlau, das auszuprobieren. Glaub mir, du willst dich nicht mit einem Blitz anlegen!* Selbst bei einer Distanz von 30 Metern gibt es keine Garantie, dass du wirklich sicher bist. Wir wissen so einiges über Blitze und wo sie einschlagen, aber es ist immer noch nicht richtig erforscht, wie sie sich im Wasser verhalten. An Land kann ein Blitz auch noch in 30 Meter Entfernung von der Einschlagstelle gefährlich sein. Und im Wasser? Wer weiß . . . Bei allem, was wir über Blitze wissen, gibt es noch viel, was wir nicht wissen. Blitze machen ziemlich überraschende und verwirrende Sachen und die *Meteorologen* (oder Wetterforscher) sind sich immer noch nicht einig, wie sie das tun und warum.

* Warum das so ist, findest du heraus in »Kann man einen Blitzschlag überleben?« auf Seite 81.

Zum Beispiel?
Zunächst einmal geht ein Blitz nicht immer nach unten. Er kann auch vom Boden in die Wolken, also nach oben, schlagen. Oder seitlich – von einer Wolke zur anderen. Manchmal formt er sich zu einer Kugel und schwebt eine Weile sanft in der Gegend herum, bevor er sich – buchstäblich – in Luft auflöst. Wenn so was am Boden passiert, wird es oft für einen Geist oder ein Gespenst gehalten. Aber *Kugelblitze* können ebenso hoch oben am Himmel entstehen. Sie sind vermutlich die Erklärung für einige der vermeintlichen UFO-Sichtungen von Piloten.*

Krass. Und was würde passieren, wenn man einen Kugelblitz in die Hand nimmt?
Bitte?! Äh . . . du würdest wahrscheinlich dabei deine Finger verlieren, denn sie sind aus superheißem Plasma, also aus superheißem Gas.

Und wenn man dabei Topfhandschuhe trägt?
Bringt nichts, leider. Das Plasma ist hübsche 30.000°C warm. Das ist etwa fünfmal heißer als die Sonnenoberfläche.

Ah. Dann vielleicht lieber nicht.

* Wenn du mehr über UFOs und Kugelblitze lesen willst, schau auf Seite 39 nach: »Gibt es UFOs wirklich und könnte mein Mathelehrer ein Außerirdischer sein?«

Kann man einen Blitzschlag überleben?

Viele Menschen haben Blitzschläge überlebt, es ist also möglich. Experten glauben sogar, dass bis zu 97 Prozent aller Menschen, die vom Blitz getroffen werden, überleben. Trotzdem – ich würde es nicht ausprobieren.

Warum nicht? Würde man Verbrennungen abkriegen?

Das kommt drauf an, wie du getroffen wirst. Es gibt verschiedene Arten von Blitzschlägen: Der Blitz kann dich direkt treffen; er kann etwas treffen, das du berührst, und dann fließt die elektrische Ladung zu dir; oder der Blitz kann etwas in deiner Nähe treffen und dann kann die Ladung auf dich überspringen. Und es kann auch passieren, dass dich nicht die elektrische Ladung verletzt, aber dass du von der Schockwelle getroffen wirst, die der Blitzschlag auslöst.

Die meisten Blitzschlagopfer tragen übrigens nur leichte Verbrennungen davon, wenn überhaupt. Fiese Verbrennungen gibt es meistens nur dann, wenn sich Gürtelschnallen, Halsketten oder Ohrringe durch den Blitz aufheizen, bis sie glühen.

Und wie sehen die anderen Verletzungen aus?

Die meisten Verletzungen sind eher so ähnlich wie bei einer Explosion und nicht so wie bei einem elektrischen Schlag. Es gibt zum Beispiel Beulen, Prellungen, Knochenbrüche oder zerplatzte Trommelfelle. Es kann auch vorkommen, dass den Opfern die Kleidung vom Leib gerissen wird. Manchmal auch Finger und Zehen. Und meistens werden leider auch die Augen irgendwie verletzt.

Autsch. Fies. Wie kann man denn einen Blitzschlag vermeiden?
Am besten bleibst du während eines Gewitters drinnen. Und da die meisten Blitzschläge passieren, *bevor* das Gewitter richtig da ist, sollte man sich schleunigst nach drinnen bewegen, wenn sich eins ankündigt. Blitze können mehr als 15 Kilometer entfernt vom Gewitter einschlagen. Die Regel ist also: Wenn du den Donner hören kannst, bist du in Reichweite. Such also so schnell wie möglich Schutz.

Aber wenn man mal drinnen ist, ist man sicher, oder?
Meistens, weil die Gebäude so gebaut sind, dass sie normalerweise den Blitz sicher in den Boden leiten. Aber es ist ratsam, die Finger von Dingen zu lassen, die am Strom hängen (also Festnetztelefone und Computer), weil der Blitz durch die Stromleitungen in der Wand *in* diese Geräte geleitet werden kann. Und da Metallrohre Blitze ebenfalls leiten können (sogar ziemlich gut), duscht man am besten während eines Gewitters nicht, spült nicht und repariert auch keine Leitungen.

Was ist, wenn du während eines Gewitters draußen bist und weit und breit kein Haus steht? Könntest du dich in einem Schuppen oder unter einem Baum oder irgendetwas anderem in Sicherheit bringen?
Schuppen und Bäume sind leider keine gute Idee. In kleine Gebäude ohne praktische Metallrohre oder Drähte, die den Blitz sicher in den Boden leiten, kann der Blitz direkt einschlagen und dich treffen. Aber ein leeres Auto ist ein guter Schutz (natürlich nur, wenn's deins ist – die Polizei hätte sicher kein Mitleid, wenn du beim ersten Donnergrollen in ein fremdes Auto einbrichst). Das Metallgehäuse des Autos leitet den Strom sicher um dich herum und dann über die Reifen in den Boden. Der Blitz könnte höchstens die Batterie kaputt machen und die Reifen durchlöchern.

Aber was ist, wenn wirklich gar nichts um dich herum ist und du mitten auf einem riesigen Feld oder auf einem Fußballplatz bist?
Na ja, normalerweise ist immer irgendein Schutz in der Nähe. Aber wenn du wirklich total in der Pampa stehst, verkriech dich ja nicht unter einem Baum, einem Brückenpfeiler oder sonst einem großen Gegenstand. Der Blitz sucht immer den schnellsten Weg auf die Erde und Luft ist kein sonderlich guter Stromleiter, das heißt, der Blitz schlägt meistens in das größte Objekt in der Nähe ein. Du willst nicht wirklich dabei sein, wenn das passiert!

Und was ist, wenn du selbst das größte Objekt weit und breit bist?
Dann solltest du damit aufhören, groß zu sein. Nein, im Ernst: Wenn das passiert, bist du in Gefahr. Dann kannst du dich nur noch auf den Boden setzen, deine Füße eng zusammenstellen und auf das Beste hoffen.

Auf das Beste hoffen? Kann man denn sonst nichts machen?
Tja, du könntest versuchen, dir so viele große Freunde wie möglich zu suchen, und *jede Minute* mit ihnen abhängen, nur für den Fall . . .

Was?! Jetzt machst du dich lustig!
Hey, ich bin doch nicht der, der mitten in einem Gewitter auf einem riesigen Feld festsitzt . . .

Woher kommt der Wind und wohin geht er?

Wind entsteht, weil die Sonne die Luft aufheizt und sich die Luft dann bewegt. Die Luftschichten bewegen sich vom Äquator zu den Polen und wieder zurück. Sie wehen tagsüber vom Meer landeinwärts und am Abend wieder aufs Meer hinaus. Wind weht immer irgendwohin, aber er kommt nie richtig an . . .

Was soll das heißen: »er kommt nie richtig an«?
Überleg mal: Gibt es »den« superwindigen Ort auf dem Planeten, an dem sich der ganze Wind sammelt? Nein. (Obwohl einige Inseln, wie zum Beispiel Sylt, gute Bewerber dafür wären.) Manche Gegenden sind windiger als andere und man *könnte* auch durchaus sagen, dass der Wind am Äquator geboren wird.

Aber Wind wandert nicht irgendwohin und hört dort auf. Er bewegt sich in einem andauernden Kreislauf rund um den Planeten – von Stellen mit hohem Luftdruck bläst er Richtung Tiefdruckgebiet und versucht so, den Luftdruck rund um den Globus auszubalancieren.

Warum beginnt der Wind dann am Äquator?
Also, Wind ist nichts anderes als Luft, die sich von einem Ort zu einem anderen bewegt, natürlich unterschiedlich schnell – von der sanften Brise über Stürme bis zu Hurrikanen. Wind fängt eigentlich nirgends an, aber die Kräfte, die die Bewegung antreiben, beginnen am Äquator.

Aber warum dort?

Weil sich dort der Luftdruck als Erstes verändert und den ganzen Kreislauf anstößt. Du weißt sicher, dass die Länder nahe am Äquator wärmer sind, als die Länder in der Nähe der Pole. Und zwar, weil die Gebiete rund um den Äquator mehr direkte und andauernde Sonneneinstrahlung bekommen als die, die weiter von ihm entfernt sind.* Dadurch heizt sich die Luft am Äquator auf, und weil heiße Luft aufsteigt, schwebt sie nach oben in die Atmosphäre wie ein unsichtbarer Ballon und hinterlässt unter sich eine Lücke – also ein Gebiet mit niedrigerem Luftdruck. Folglich strömt mehr von der Luft, die direkt am Boden ist, in diese Lücke. Tja, und dieser Luftstrom ist ganz einfach der Wind.

Jetzt muss die warme Luft weiter oben irgendwohin. Je nachdem, auf welcher Seite des Äquators sie ist, treibt sie entweder nördlich oder südlich, in Richtung der Pole. Aber sie kommt dort nicht auf direktem Weg hin. Nachdem sie etwa 30° nördlich oder südlich vom Äquator angelangt ist – etwa ein Drittel der Strecke zu den Polen – kühlt sie ab und sinkt langsam wieder zu Boden. Ein bisschen von dieser kühleren Luft weht dann wieder zum Äquator, um die Lücke zu füllen, die dort dauernd entsteht, wenn erwärmte Luft nach oben steigt. Es entsteht also ein Mini-Kreislauf, man kann auch Windzelle dazu sagen, zwischen dem Äquator und den Tropen (30° nördlich und südlich vom Äquator). Zwischen dem 30. und dem 60. Breitengrad entstehen weitere Windzellen und dahinter noch mal welche und so weiter, bis eine Kette von Windzellen entstanden ist – vom Äquator zu den Polen und wieder zurück. Der Wind folgt der Luft, die sich bewegt, und bläst innerhalb dieser Windzellen von Norden nach Süden und von Süden nach Norden.

---

* Warum das so ist, steht in »Wenn die Länder im Süden heißer sind, warum schmilzt dann der Südpol nicht?« (Seite 100).

Aber Wind kommt doch eigentlich immer von Osten oder Westen? Das sagen jedenfalls die Wetterleute im Fernsehen immer ...

Da hast du recht – die verbreiteten (oder vorherrschenden) Winde kommen oft aus dem Osten oder Westen, je nachdem, wo du wohnst.

Wir haben nämlich noch etwas vergessen. Die Erde steht ja nicht still, während all die Lufterwärmung durch die Sonne passiert. Sie dreht sich – also muss die Luft sich mitdrehen. Dabei entsteht eine weitere Kraft (die sogenannte *Corioliskraft*). Sie verpasst den aufsteigenden und absinkenden Luftmassen eine Drehung, sodass sich der Windkreislauf in jeder Zelle im oder gegen den Uhrzeigersinn bewegt – und nicht einfach gerade nach oben oder nach unten strömt.

Am Ende haben wir also ein kompliziertes Muster von Luftströmen und »Bändern« rund um die Erde, in denen entweder westliche oder östliche Winde überwiegen.

Und was ist mit der Meeresbrise? Egal wo du auf der Welt bist, bläst der Wind doch immer vom Meer ans Land, oder?

Ja, stimmt. Aber er bläst nicht stark, daher sagt man ja auch »Brise«. Die Meeres- oder Seebrise entsteht, weil sich das Land schneller erwärmt und schneller wieder abkühlt als das Meer. Wenn sich also die Luft über dem Land tagsüber aufheizt, steigt sie nach oben und hinterlässt eine »Luftlücke«. Und schon strömt wieder die kühlere Luft vom Meer nach und füllt die Lücke auf – voilà, da ist deine Meeresbrise.

Nachts passiert genau dasselbe: Das Land kühlt sich schneller ab und die wärmere Luft über dem Meer wird ersetzt durch Luft vom Land. Dabei entsteht eine Brise, die nachts vom Land aufs Meer weht. Und das Ganze ist dann wiederum eine Art Mini-Windkreislauf entlang der Küste.

Mmm. Ich kann übrigens auch Wind machen, weißt du . . .
Da ist etwas völlig anderes. Pass bloß auf, dass deine Winde nicht in meine Richtung blasen!

Wann verwandeln sich Stürme in Hurrikane?

Wenn sich Sturmwolken über wärmeren Gewässern bilden . . . wenn der Wind genau richtig steht . . . und wenn der Planet den Wolken eine Extradrehung mitgibt . . . dann gibt es einen Hurrikan. Zum Glück passiert das nicht so oft.

Aber an manchen Orten gibt es jedes Jahr Hurrikane, stimmt's?
Das stimmt. Während woanders »nur« Stürme aufziehen, gibt es an einigen Orten auf der Welt regelmäßig Hurrikane. Die Länder rund um den Golf von Mexiko, wie Kuba, die Karibischen Inseln und der Südwesten der USA, werden jedes Jahr etwa zur selben Zeit getroffen. Man nennt das sogar die »Hurrikan-Saison«. Genauso gibt es in Japan eine Zeit im Jahr, in der die Taifune wüten, und Indien wird regelmäßig von Zyklonen heimgesucht.

Was ist denn der Unterschied zwischen Hurrikan, Taifun und Zyklon?
Es gibt keinen Unterschied – technisch gesehen sind sie alle drei verschiedene Typen von tropischen Wirbelstürmen. Es kommt nur darauf an, wo sie sind. Wenn im Atlantik ein tropischer Wirbelsturm entsteht, nennen wir das *Hurrikan*. Bildet er sich im Pazifik, ist es ein *Taifun*. Und im Indischen Ozean heißt es einfach *Zyklon*. Aber gemeint ist immer dasselbe.

Warum gibt es sie genau dort? Und warum so oft?
Ein Hurrikan (Taifun, Zyklon oder was auch immer) kann sich nur über warmen, tropischen Meeren bilden, in einer feuchten

Atmosphäre, angefacht durch bestimmte Winde. Das gibt es nur in sieben Regionen auf der Welt – eine im Atlantik, drei im Pazifik und noch drei im Indischen Ozean. Das sind die Gebiete, in denen diese Monsterstürme geboren werden.

Warum ist warmes Wasser dabei so wichtig?

Weil sich der Hurrikan von warmem Wasser, das zu warmem Wasserdampf wird, ernährt. Während der warme Wasserdampf in die Atmosphäre aufsteigt, kühlt er ab und kondensiert zu kleinen Regentropfen. Beim Abkühlen geben die Regentropfen ihre Wärme an die Luft um sie herum ab, sodass diese Luft leichter wird und aufsteigt. Während die warme Luft aufsteigt, hinterlässt sie unter sich eine Lücke, frische Luft strömt in die Lücke und füllt sie aus. Dieser Luftstrom ist der mächtige Wind, den wir als Hurrikan kennen. Das erklärt übrigens auch, warum Hurrikane langsam an Kraft verlieren, wenn sie vom Meer übers Land wehen: Sie haben keine Nahrung aus warmem, verdunstendem Wasser mehr.

Warum sehen sie wie eine große, wirbelnde Zuckerschnecke aus, wenn man sie auf Satellitenbildern sieht?

Weil die Wolken nicht stillstehen – sie werden von der Corioliskraft gedreht.* Dadurch entsteht eine gigantische wirbelnde Wolkenmasse, die sich um das Auge in der Mitte des Sturms dreht. Je nachdem, auf welcher Äquatorseite sie sich bildet, dreht sie sich entweder im Uhrzeigersinn oder andersherum.

Ist es wahr, dass es im Auge des Sturms ganz ruhig ist?

Ja. Weil sich der Hurrikan dreht, entsteht eine Kraft (die *Zentripetalkraft*), die Wolken und Wasserdampf nach außen schleudert, sodass Winde von außen nicht in sein Zentrum ge-

* Wie das funktioniert, steht in »Woher kommt der Wind und wohin geht er?« (Seite 84).

langen können. Die Winde kommen so nah, wie es geht, und wirbeln *um* das Zentrum, aber nicht im Zentrum. Es gibt also ein ruhiges, stilles Auge in der Mitte (meistens zwischen 15 und 25 km breit), aber mit einer ultrabrutalen, superwindigen Mauer (die *Eye-wall*) rundherum. Wenn ein Hurrikan über dich hinwegfegt, werden die Winde gnadenlos heftig, dann beruhigen sie sich, und dann werden sie wieder heftig. Das Auge ist also kein Ort, an dem man sich wirklich gerne aufhalten will.

Was war bisher der schlimmste Hurrikan?

Der bisher schlimmste dokumentierte Hurrikan war Hurrikan Wilma, der Windstärken bis zu 280 km/h hatte. Aber wenn es um das Ausmaß an Zerstörung geht, das ein Wirbelsturm verursacht hat, dann war Wilma noch ziemlich harmlos im Vergleich zu Hurrikan Andrew. Als der 1992 über Florida in den USA hinwegfegte, entstand ein Schaden von 26 Milliarden US-Dollar. Und natürlich Hurrikan Katrina. Er wütete 2005 in New Orleans, USA, hinterließ Schäden in Höhe von 45 Millionen US-Dollar und machte Tausende von Menschen obdachlos.

Und in Deutschland?

In Deutschland gibt es keine Hurrikane, aber sehr starke Stürme. Die nennt man dann Orkan. Der schlimmste Orkan in den letzten 20 Jahren in Deutschland war der Orkan Kyrill im Januar 2007. In den Bergen erreichten die Orkanböen 140 bis 180 km/h. In einigen Regionen wurden ganze Waldstücke niedergerissen und mehr als 10 Menschen starben bei diesem Sturm. Viele Kinder hatten sogar »sturmfrei« in der Schule, aber so richtig gefreut hat sich darüber wahrscheinlich niemand. Zum Glück ist so ein starker Orkan wie Kyrill eher selten bei uns.

Wie wäre es, wenn man mitten in einem Tornado stünde?

Das kommt ein bisschen darauf an, wie man dort hineingeraten und wie groß der Tornado ist. Normalerweise wäre es ein schreckliches Erlebnis, wenn der Tornado einen aufsaugt. Aber wenn man es irgendwie schaffen könnte, unversehrt in sein Innerstes zu gelangen, würde es drinnen wahrscheinlich laut und unheimlich still sein.

Laut und still? Das ist ein bisschen seltsam, oder?
Tja, Tornados sind seltsam. Im Gegensatz zu Vulkanen, Tsunamis und Hurrikanen wissen wir immer noch sehr wenig über sie – trotz jahrelanger Forschung.

Was sind sie denn? Und was wissen wir schon?
Tornados sind extrem gefährliche rotierende Luftsäulen, die sich aus einer bestimmten Sorte von Wolken bis auf die Erde drehen. Solche Wolken nennt man *Cumuluswolken.*

Manchmal kann man Tornados am Himmel entdecken, sie sehen aus wie riesige, wirbelnde Röhren oder Rüssel. Manchmal sieht man sie auch nicht und man sieht nur die Trümmerteile, die sie herumschleudern. Sie bilden sich oft aus wirbelnden Sturmzellen, sogenannten *Superzellen,* die entweder einzeln entstehen oder sich am Rand von Hurrikanen, Taifunen oder Zyklonen bilden.*

* Lies mehr über ihre Entstehung in »Wann verwandeln sich Stürme in Hurrikane?« (Seite 88).

Gibt es sie nur in den USA?

Tornados sind in den USA sehr häufig, aber es gibt sie auch woanders. In China oder Indien sind sie ebenfalls verbreitet (wie auch Taifune und Zyklone). Sie können eigentlich fast überall entstehen.

Aber in Europa gibt es sie nicht, stimmt's?

Doch, auch bei uns. Zwei Tornados – die größten der letzten 30 Jahre – trafen Birmingham, eine Stadt in Nordengland, im Jahr 2005. Und im Dezember 2006 wütete einer nordwestlich von London. Zum Glück wurde niemand getötet, aber etwa 20 Menschen wurden verletzt. Sie beschädigten außerdem etwa 100 Gebäude und entwurzelten über 100 Bäume. 2006 zog ein nicht weniger gefährlicher Tornado über Hamburg hinweg. Zwei Menschen wurden durch umfallende Baukräne getötet, Bäume wurden entwurzelt und 300.000 Haushalte waren ohne Strom.

Oh. Aber warum sieht man sie so selten?

Na ja, sie sind in Europa eben nicht so häufig wie in den USA. Dort gibt es etwa 100 Tornados pro Jahr. Und die Tornados in

Europa sind meistens auch schwächer als ihre amerikanischen Brüder. Die Kraft eines Tornados misst man anhand der sogenannten *Fujita-Skala*, sie reicht von F 0 bis F 5. Diese Skala teilt die Tornados eher nach dem Grad ihrer Zerstörungskraft ein, weniger nach ihrer Größe oder Windgeschwindigkeit. Also F 0 (leichte Zerstörung) reißt Schornsteine ab, aber lässt die Dächer auf den Häusern; F 3 (ernsthafter Schaden) entwurzelt Bäume und schleudert Autos herum und F 5 (unglaublicher Schaden) hebt sogar ganze Häuser in die Luft. Die Tornados in Birmingham, London und Hamburg hatten nur eine Stärke von F 2. In den USA gibt es fast jedes Jahr Tornados der Stärke F 5.

Da kriegt man ja Angst! Aber – wie würde es sich anfühlen, wenn so ein Tornado einen erwischt?

Nicht gut. Du würdest ihn zuerst hören. Tornados klingen meistens ein bisschen wie das tiefe Rattern eines vorbeifahrenden Zugs. Aber wenn sein Rüssel Holz-, Stahl- oder Betonstücke abreißt, kann das ein ohrenbetäubendes Getöse werden.

Die schreckliche Kraft eines Tornados, mit Windgeschwindigkeiten von über 450 km/h, kann kleine, harmlose Gegenstände wie Bleistifte oder Kieselsteine in tödliche Geschosse verwandeln. Der Rüssel schleudert sie mit Wucht nach außen und alles, was in der Nähe ist, wird wie von einer Maschinengewehrsalve beschossen. Die meisten Verletzungen gibt es deshalb auch durch die herumfliegenden Trümmerstücke und nicht durch den Tornado selbst.

Aber wenn du es schaffen würdest, diesem Beschuss auszuweichen und direkt in den Rüssel zu gelangen, würdest du von seinem Aufwind ergriffen und 100 Meter in die Luft geschleudert werden – zusammen mit all den anderen Dingen, die er einsaugt. Schwere Gegenstände, so wie Autos, landen oft bis zu 6 Meter entfernt wieder auf dem Boden. Kleidungsstücke oder Papier werden manchmal bis zu 90 Kilometer weit weg geblasen. Du selbst würdest wahrscheinlich irgendwo dazwischen landen.

Und wieso ist es genau in der Mitte eines Tornados ruhig? Ist das wie beim Auge eines Sturms oder Hurrikans?

Ja, das ist so ähnlich: Der Wind kommt nicht in die Mitte hinein, weil der Tornado sich so schnell dreht; es gibt also auch dieses »Auge«. Es würde dadrinnen sicher ruhig sein, da der Wind theoretisch – niemand hat das je gesehen und überlebt – auf der einen Seite 160 km/h oder schneller in die eine Richtung blasen würde und auf der anderen Seite mit derselben Geschwindigkeit in die andere Richtung. Das bedeutet, dass die Windgeschwindigkeit in der Nähe des Zentrums nahezu bei 0 liegen müsste. Du würdest also für ein oder zwei Sekunden das Tosen des Tornados hören, aber du würdest nichts spüren.

Aber die meisten Tornados haben – anders als Hurrikane, deren »Auge« teilweise mehr als 16 Kilometer Durchmesser hat – nur ein etwa 1 Meter breites Auge. Du wärst also vermutlich so schnell wieder aus dem Auge draußen, dass du die »Ruhe« dadrinnen kaum bemerken würdest.

Tja, so wäre es innerhalb eines Tornados. Schrecklich!

Alles klar. Ich denke, das spar ich mir dann lieber.

Gut zu wissen:
Stürme, Zyklone und Hurrikane

Sturm: eine Störung in der Atmosphäre, die die Erdoberfläche betrifft – üblicherweise durch starke Winde, schwere Regenfälle oder auch Donner, Blitze, Eis, Schnee oder Hagel. Stürme können, je nach Windstärke, leicht, mäßig, schwer oder extrem sein. Ein Orkan ist ein besonders starker Sturm.

Zyklon: deutlich gegliedertes, rotierendes Sturmsystem, das sich über tropischen oder subtropischen Gewässern bildet. Es gibt verschiedene Namen für Zyklone, je nachdem, über welchem Ozean sie entstehen. Damit es tatsächlich ein Zyklon ist, muss die Windgeschwindigkeit über 62 km/h betragen – alles, was langsamer ist, nennt man »tropische Depression«.

Tropischer Zyklon oder Wirbelsturm: Ein Zyklon, der sich über dem indischen Pazifik oder dem südwestlichen Pazifik bildet.

Taifun: Ein Zyklon, der sich über dem nordwestlichen Pazifik bildet.

Hurrikan: Ein Zyklon, der über dem Atlantik oder dem nordöstlichen Pazifik entsteht.

Tornado: eine heftig rotierende Luftsäule unter einer Formation von Cumuluswolken. Da sie den Boden berührt, kann man oft (aber nicht immer) einen charakteristischen »Rüssel« erkennen.

Wird die Erde wirklich immer wärmer? Und: Ist das so schlimm?

Die Erde wird definitiv immer wärmer – ihre Durchschnittstemperatur steigt während der nächsten 100 Jahre vermutlich um 2 bis 6°C an. Das klingt nicht so wild, aber wenn man weiß, was sich dadurch alles verändern wird, dann versteht man, warum zu viel »globale Erwärmung« wirklich schlimm ist.

Warte mal – ich dachte die Wissenschaftler streiten immer noch, ob es die globale Erwärmung überhaupt gibt oder nicht?
Nein, tun sie nicht. Fast alle sind sich einig, dass sie tatsächlich passiert. Man ist sich nur noch nicht sicher, wie schnell sich die Erde erwärmt, ob das immer so weitergeht, wie weit das geht und ob wir die Erwärmung selbst verursachen oder nicht.

Ich raff's nicht.
Die globale Erwärmung, also die Tatsache, dass der Planet langsam immer wärmer wird, wird durch den sogenannten *Treibhauseffekt* verursacht. Das geschieht – vereinfacht gesagt –, weil die Erdatmosphäre zwar das Sonnenlicht hereinlässt, aber die Wärme, die die Erde abgibt, wenn die Sonne sie erwärmt, nicht wieder hinaus. Die Hitze bleibt also innerhalb der Atmosphäre und die Temperaturen steigen an. Genauso wie in einem Treibhaus: Das Glas lässt Licht hinein und heraus, aber die Wärme bleibt drinnen. So können wir auch in kalten Ländern Pflanzen züchten, die eigentlich nur in warmem Klima wachsen. Diese Theorie ist nicht neu. Der irische

Physiker und Bergsteiger John Tyndall hat das schon 1863 beschrieben – zusammen mit ein paar anderen Sachen, zum Beispiel warum der Himmel blau ist.* Er und andere Wissenschaftler erkannten damals schon den Treibhauseffekt als Ursache für die stabilen Temperaturen auf der Erde und behaupteten, dass es ohne ihn vermutlich gar kein Leben auf der Erde gäbe.

Warum nicht?

Tja, dank des Treibhauseffekts ist die Erdatmosphäre deutlich wärmer, als wenn sie nur durch das Sonnenlicht aufgeheizt würde. Ohne ihn wäre die Erdoberfläche etwa 33°C kälter als jetzt, nämlich etwa *minus* 18°C. Das wäre für all die Bakterien, Pflanzen und Tiere hier einfach nicht warm genug.

Dann ist doch alles bestens, oder? Wo liegt das Problem?

Das Problem ist, dass sich die Erwärmung in letzter Zeit verstärkt und beschleunigt hat. Wir nehmen an, dass daran – zumindest teilweise – die Gase schuld sind, die unsere Autos, Flugzeuge, Fabriken und Kraftwerke in die Luft blasen. Die meisten Diskussionen drehen sich also darum, ob wir den Einsatz dieser Dinge verringern oder Alternativen zu ihnen entwickeln sollten, damit der Effekt verlangsamt wird. Jedenfalls sieht es im Moment so aus, als würden die weltweiten Temperaturen bis zum Jahr 2100 um circa 2 bis 6°C ansteigen.

Um 2°C? Das klingt nicht wirklich schlimm.

Das mag schon sein, aber sogar dieser kleine Temperaturanstieg wird sehr ernsthafte Auswirkungen auf viele Länder auf der ganzen Welt haben.

---

* Schau in »Warum ist der Himmel blau?« (Seite 58) nach, wenn du wissen willst, warum.

Zum Beispiel?
Das Erste ist mal, dass auf der ganzen Welt der Meeresspiegel ein wenig ansteigen wird, weil die Pole schneller schmelzen und weil die Ozeane sich ausdehnen, wenn sie sich erwärmen. Das wiederum wird an den Küsten und auf den Inseln zu Überschwemmungen von Ackerland führen. Wenn sich die Meere erwärmen, werden wir wahrscheinlich öfter heftige Wetterphänomene wie Hurrikane, Taifune und Tornados bekommen. Die Länder rund um den Äquator werden heißer und trockener werden und damit heftigere Dürrezeiten durchmachen. In den Ländern weiter weg vom Äquator wird es wärmer und feuchter werden. Das zieht Moskitos an (sie lieben warmes, feuchtes Klima) und all die tödlichen Krankheiten, die sie mitbringen. Einige Leute sagen, dass wir diese Folgen heute schon erkennen können. Aber das ist noch nicht das Schlimmste.

Das klingt nicht gut. Also, rück schon raus damit – was ist das Schlimmste, das passieren könnte?
Also, alles, was ich bisher gesagt habe, ist unsere Vermutung, ausgehend von dem, was wir über die Erdatmosphäre und ihre Wechselwirkung mit den Ozeanen wissen. Doch die Dinge könnten komplizierter werden und unsere Vorhersagen, wie die Atmosphäre und die Ozeane sich verhalten, könnten falsch sein (das sehen wir ja schon an einfachen Wettervorhersagen). Es ist möglich (auch wenn es unwahrscheinlich ist), dass die erwärmten Ozeane so viel Wasserdampf in die Atmosphäre abgeben, dass ein verstärkter Treibhauseffekt entsteht: Die Temperaturen würden dann so stark ansteigen, dass Bäume und landwirtschaftliche Nutzpflanzen auf der ganzen Welt sterben würden. Falls andererseits genug Polareis schmelzen und die Meere stark verdünnen würde, könnte das die Meeresströme auf der ganzen Welt verändern. Der Golfstrom, also

die Meeresströmung, die Europa mit warmem Wasser versorgt, könnte dann zum Beispiel aufhören oder sich umkehren. Dann hätten wir lange, kalte Winter, so wie in der Arktis. Wir wissen, dass so etwas in der Vergangenheit schon mal passiert ist (vor etwa 8.000 Jahren), es könnte also wieder geschehen.

Aber wenn wir nicht sicher wissen, was genau passieren wird, was können wir dann dagegen unternehmen?
Ja, das ist genau die große Frage. Womöglich kann man die Erwärmung gar nicht verhindern. Aber wir wissen, dass die Welt immer wärmer wird, und wir sind ziemlich sicher, dass der Mensch und seine Aktivitäten dabei eine Rolle spielen. Wenn also eine Chance besteht, dass wir etwas ändern können, dann, so sagen die meisten Länder, sollten wir lieber vorsichtig sein, bis wir mehr herausgefunden haben.

Also lieber auf Nummer sicher gehen?
Genau. Oder anders gesagt: »Lieber heute weise Taten anstatt morgen heiß gebraten.«

Wenn die Länder im Süden wärmer sind, warum schmilzt dann der Südpol nicht?

Weil der Südpol genauso kalt ist wie der Nordpol. Nicht in allen Ländern auf der Welt ist es im Süden wärmer – das gilt nur für die auf der oberen Hälfte der Erdkugel – zum Beispiel in Deutschland und anderen europäischen Ländern ist das so. Die Länder auf der unteren Hälfte der Erdkugel, so wie Chile und Neuseeland, werden kälter, je weiter man in den Süden reist. Es kommt nämlich immer darauf an, wie weit man von der Mitte der Erde weg ist.

Warte mal eine Sekunde, das kann nicht stimmen. Ich weiß ganz sicher, dass es in Australien sehr heiß ist, und das liegt ziemlich weit im Süden, oder?
Es liegt eigentlich nicht so weit im Süden. Sein nördlicher Rand liegt nur etwa 10° südlich des Äquators und sein südliches Ende nur etwa 40° südlich – das ist nicht mal die halbe Strecke zwischen dem Äquator und dem Südpol. Und außerdem ist es im *Süden* Australiens *kälter* als im Norden.

Ja, aber es liegt ja genau auf der gegenüberliegenden Seite von uns hier in Europa, stimmt's? Und in Europa ist es in den südlichen Ländern viel wärmer, wir fahren zum Beispiel immer in die Sonne nach Griechenland in den Ferien. Aber mein Opa, der es nicht gerne heiß mag, fährt immer in den Norden, nach Norwegen oder Schweden . . .«
Das ist richtig. Aber das liegt daran, dass wir auf der Nord-

halbkugel der Erde wohnen, während Australien auf der Südhalbkugel (oder der südlichen »Hemisphäre«) liegt.

Warum sollte das was ausmachen?
Weil es nicht darum geht, wie weit nördlich oder südlich man ist, sondern darum, wie weit weg vom Äquator ein Land liegt, damit du sagen kannst, ob es dort eher warm oder kalt ist.

Ja klar, das wusste ich irgendwie schon. Aber warum? Ich meine, was ist der Äquator denn überhaupt? Ich dachte, das wäre nur die Mittellinie rund um die Erde. Oder die Mitte der Landkarte.
Ist er auch. Aber er kennzeichnet auch einen Ring rund um die Erde, der das ganze Jahr am meisten direkte Sonneneinstrahlung abbekommt.

Wieso das?
Stell dir vor, du könntest einen großen Kreis in den Weltraum malen und damit den Weg der Erde rund um die Sonne nachzeichnen. Dann malst du diesen Kreis, sagen wir, gelb aus und du bekommst eine riesige, gelbe Scheibe. Die Hälfte der Sonne schaut oben aus dieser Scheibe heraus, die andere Hälfte unten. Dasselbe gilt für die Erde – die Scheibe schneidet den Planeten sozusagen halb durch. Alles klar?

Alles klar.
Gut. Jetzt nehmen wir mal an, der Äquator liegt auf der Linie, die die Erde in zwei Hälften teilt. Nun stellst du dir vor, dass wir einen Grillstab von oben nach unten durch die Erde stecken, und die Erde an diesem Stab drehen – wie bei einem Döner-Grill. Wenn sich die Scheibe dreht, bewegt sich die Erde um die Sonne, aber gleichzeitig dreht sich die Erde auch um ihre eigene Achse (den Grillstab). Und jetzt siehst du hoffent-

lich: Wenn die Erde eine riesige Frikadelle wäre oder ein Dönerspieß, dann würde der Ring rund um die Mitte (der Äquator) stärker gegrillt als die Stellen, die oben oder unten sind (die Pole) – einfach weil er näher an der Wärmequelle (oder den Sonnenstrahlen) ist.

Logo. Länder nah am Äquator werden also stärker »gegrillt« als die weiter weg?

Korrekt. Und es ist egal, in welcher Richtung du dich vom Äquator entfernst – ob weiter nach Norden oder weiter nach Süden –, in beiden Richtungen kommst du näher zu den Enden der Kugel und bist damit weiter entfernt vom Grill. Deshalb ist es in Südafrika kälter als in Simbabwe oder in Neuseeland kälter als in Australien und der Süden von Neuseeland ist wiederum kälter als der Norden dieser Insel.

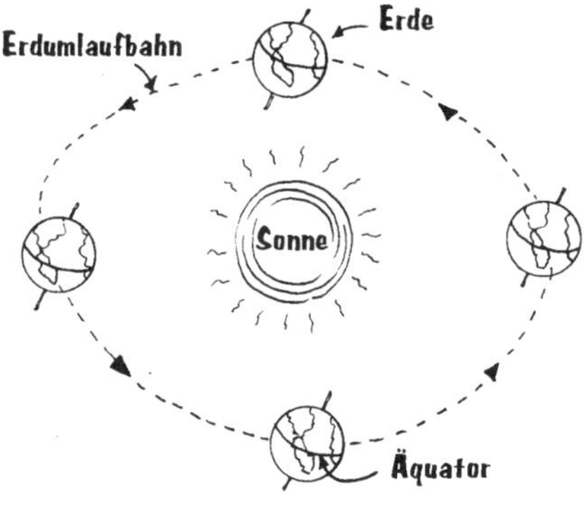

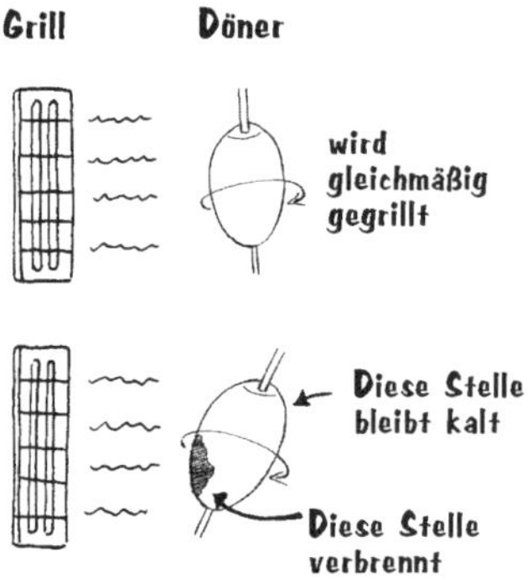

Ist das alles?

Noch nicht ganz. Der Grillstab (oder die Erdachse) geht in unserem rotierenden Frikadellen-Modell ganz senkrecht durch die Fleischkugel durch. In Wirklichkeit ist die Erde aber geneigt – und zwar in einem Winkel von 23°. Der Äquator verläuft also nicht parallel zu unserer gelben Scheibe, sondern ist um 23° gekippt.

Und was bedeutet das?

Das bedeutet, dass die heißen Sonnenstrahlen nicht das ganze Jahr über direkt auf den Äquator konzentriert sind. Die eine Hälfte des Jahres grillen sie das Stück knapp über dem Äquator sehr stark und die andere Hälfte des Jahres das Stück knapp unterhalb des Äquators. Nur zweimal im Jahr sind die Strahlen ganz direkt auf den Äquator gerichtet, und zwar dann, wenn sie von der einen auf die andere Seite übergehen. Dadurch entstehen die vier Jahreszeiten. Wenn unsere Hälfte der Erde (die nördliche Hemisphäre) von der Sonne weggeneigt ist, kriegt die südliche Hälfte mehr Grillstrahlen ab und dort ist es Sommer. Wir bekommen in dieser Zeit weniger Strahlen ab, also ist bei uns Winter. Wenn wir der Sonne zugeneigt sind, passiert genau das Gegenteil: Sommer bei uns, aber Winter für die Menschen auf der Südhalbkugel. Frühling und Herbst sind dann die Stellen dazwischen. Und das alles, weil die Erde sich auf einer schrägen Achse (unserem Grillstab) um sich selbst und um die Sonne dreht.

Was würde denn passieren, wenn die Achse nicht geneigt wäre?

Dann gäbe es keine unterschiedlichen Jahreszeiten. Nah am Äquator hätten wir sozusagen dauernd Sommer und zum Beispiel in Kanada, Peru, Neuseeland und in den meisten europäischen Ländern wäre immer Winter.

Ganz nett, wenn du auf Skifahren oder Schneeballschlachten stehst. Nicht so toll, wenn du keine Iglus, Eisbären oder Erfrierungen magst.

Sind die Menschen in der Eiszeit Ski gefahren?

Faktisch leben wir immer noch in einer Eiszeit, also Ja! Aber abgesehen davon, ist Skifahren mindestens 5.000 Jahre alt. Die letzte richtige Eiszeit endete vor etwa 10.000 Jahren und damals könnten die Menschen in China vielleicht schon Skier gehabt haben.

Was meinst du mit »wir leben immer noch in einer Eiszeit«? – Nein, leben wir nicht!
Doch, das tun wir.

Tun wir nicht.
Doch, tun wir. Darüber zu streiten, ist doch doof. Es ist einfach so, dass wir beide recht haben – es kommt nur drauf an, was man mit »Eiszeit« meint.

Häh?
Lass es mich erklären. Die Erde hatte nicht immer dieselbe Temperatur, richtig? Aber es gab mehr als eine *Eiszeit* oder Periode, in der ein großer Teil des Planeten mit Eis bedeckt war. Tatsächlich hat sich die Erde während der letzten 4 Milliarden Jahre in ziemlich regelmäßigen Abständen immer wieder aufgeheizt und wieder abgekühlt, meistens etwa alle 100.000 Jahre. Das geschieht, weil Veränderungen in der Erdatmosphäre die weltweiten Temperaturen beeinflussen.

Warum passiert das?
Also, man nimmt an, dass die Menge der Strahlung, die die Sonne an die Erde abgibt, etwas variiert, und außerdem scheint

sich die Umlaufbahn der Erde um die Sonne geringfügig zu verändern. Man glaubt immer, dass diese zwei Faktoren ziemlich stabil sind, aber über sehr lange Zeitabschnitte hinweg können sie sich verändern. Wenn sich die Erdumlaufbahn leicht verändert und die Erde etwas weiter entfernt von der Sonne kreist, löst das einen großen Temperatursturz aus – das wäre schon genug, damit eine neue Eiszeit beginnt.

Das Aufwärmen und Abkühlen könnte aber auch von bestimmten Gasen in der Atmosphäre verursacht werden (wie Methan, Wasserdampf, Kohlendioxid). Diese tragen unterschiedlich zur Erwärmung der Erde bei, das ist der sogenannte Treibhauseffekt.* Weil die Menge dieser Gase immer anders ist – zum Beispiel durch Vulkanausbrüche, Meteoriteneinschläge oder einfach durch natürliche Veränderungen in ihrer Zirkulation –, ändert sich auch die Temperatur auf der Erdoberfläche immer wieder.

Aber egal, warum, wenn die Temperatur fällt, dehnt sich das Eis – gespeichert in riesigen Gletschern am Nord- und Südpol – Richtung Äquator aus. Es gibt sogar Wissenschaftler, die sagen, dass die Gletscher vor etwa 400 Millionen Jahren bis zum Äquator reichten – und die Erde so zu einem gigantischen Schneeball wurde!

* Wie das genau funktioniert, steht in »Wird die Erde wirklich immer wärmer? Und: Ist das so schlimm?« (Seite 96).

Cool! Aber hätte das nicht alles Leben auf dem Planeten getötet?

Nicht unbedingt – obwohl das möglicherweise der Grund für das Aussterben von Tausenden von Pflanzen und Tieren war. Wir können nicht sicher sein, dass es so passiert ist, aber falls es so war, hätten sicher einige Meereslebewesen unter dem Eis überlebt und nur auf das große Schmelzen gewartet. Einem großen Frost folgt nämlich immer eine starke Tauperiode.

Und was passiert dann?

Wenn die Temperaturen wieder ansteigen, schmelzen die Gletscher und das Eis zieht sich wieder an die Pole zurück. Meistens schmilzt nicht alles vollständig, sondern es bleiben zwei große Eiskappen zurück. Das Wort »Eiszeit« wird für eine Zeitphase benutzt, in der es Eisschichten auf der nördlichen und südlichen Halbkugel gibt. Wenn man nach dieser Definition geht, leben wir immer noch in einer Eiszeit, denn Grönland und die Antarktis sind seit den letzten 40 Millionen Jahren mit Eis bedeckt.

Im Alltag wird das Wort aber meistens für die Zeitabschnitte benutzt, in denen Europa und Nordamerika zum größten Teil von Eis bedeckt waren. Das letzte Mal war das der Fall vor etwa 10.000 Jahren. Man bezieht sich also meistens auf diesen Abschnitt, wenn man von der »letzten Eiszeit« spricht.

Na toll. Du hast gewonnen. Also: Sind die Leute damals schon Ski gefahren oder nicht?

Wir wissen das nicht sicher, aber wahrscheinlich schon. 4.000 Jahre alte Felszeichnungen in Höhlen zeigen, dass die Menschen in Norwegen oder in anderen Ländern rund um die Arktis auf jeden Fall Ski benutzt haben, um sich fortzubewegen. Erst vor Kurzem wurden im Nordwesten Chinas ähnliche Malereien entdeckt und die Chinesen behaupten, dass sie über

10.000 Jahre alt seien – also genau dann entstanden, als die letzte Eiszeit aufhörte. Also: Ja, es ist möglich, dass die Menschen das Ende der letzten Eiszeit auf Skiern erlebt haben.

Das heißt, die Chinesen haben's erfunden?
Das wissen wir nicht. Aber sicher ist, dass die ältesten Ski in Schweden und Finnland gefunden wurden – sie waren über 4.000 und 5.000 Jahre alt. Wir wissen außerdem, dass die Wikinger in Nordeuropa ein Götterpaar auf Skiern anbeteten und dass die Römer Leute beim Skilaufen sahen, als sie vor über 2.000 Jahren Finnland eroberten. Die Römer brachten die Idee dann mit in die anderen europäischen Länder, die sie besetzten. Aber bis nach Amerika drang die Idee wohl nicht. Erst als vor etwa 100 Jahren norwegische Bergbauarbeiter nach Amerika auswanderten, nahmen sie ihr Sportgerät mit.

Und was ist mit Skispringen? Haben die Höhlenmenschen vielleicht Dinosaurierrücken als Sprungschanzen benutzt?
Leider nein. Die Dinosaurier waren schon etwa 65 Millionen Jahre, bevor die Menschen auftauchten, so ziemlich ausgestorben. Wir mussten uns die Erde also nie wirklich mit ihnen teilen.* Aber Mammuts lebten bis vor etwa 4.000 Jahren noch. Ein besonders mutiger Höhlenmensch hätte also so eins als Schanze benutzen können.

Ha! Das klingt lustig.
Nicht, wenn du ein Mammut bist.

---

* Zumindest die großen, von denen man hätte abspringen können, waren ausgestorben. Lies weiter in »Warum gibt es keine Dinosaurier mehr?« (Seite 141).

Tierisch genial

Tiere sind genial, oder?
Auch wenn wir glauben, dass wir die klügsten und besten Geschöpfe auf diesem Planeten sind, gibt es immer noch massenhaft Dinge, die andere Lebewesen können – und wir nicht.
Es gibt zum Beispiel Tiere, die schneller sind, tiefer tauchen können und besser hören, als wir es jemals schaffen werden. Manche können sogar ihre Farbe verändern, andere können uns mit ihrem tödlichen Gift lähmen.
Aber diese Dinge überlassen wir lieber den Tierreportagen im Fernsehen. Wir erforschen hier die wahren Rätsel des Tierreichs, also: Können Tiere sprechen? Kriegen Tiere Sonnenbrand? Pupsen sie?
Und warum scheinen manche Tiere so blöd zu sein? Wenn Delfine wirklich so schlau sind, warum haben sie dann nicht gelernt, unter Wasser zu atmen? Wenn Dinosaurier so Furcht einflößend waren, warum sind dann keine mehr übrig? Und – ich frage dich – wozu gibt es Vögel ohne Flügel?
All das und noch viel mehr wird hier verraten.

Können Hasen pupsen?

Das ist einfach: Ja, können sie. Tatsächlich pupsen fast alle Tiere, da das ein notwendiger Teil bei der Verdauung von Nahrung ist.

Fast alle Tiere pupsen?
Na ja, beinah. Wenn du mit »pupsen« meinst, dass sie »Gas aus ihrem Darm abgeben«, dann tun das alle Tiere, die einen Darm haben. Insekten, Fische, Eidechsen, Schlangen, Katzen, Hunde, Mäuse, Elefanten . . . beinah jedes Geschöpf, das du dir denken kannst. Die Einzigen, die tatsächlich nicht pupsen, sind die, die keinen Darm entwickelt haben – also Schwämme, Quallen und manche Wurmarten. Der Darm ist dazu da, Nahrung aufzunehmen und Abfallprodukte rausplumpsen zu lassen. Und diese Tiere nehmen die Nahrung entweder durch ihre Körperoberfläche auf oder über ein Loch, aus dem sie auch den Abfall wieder ausscheiden.

Uah, eklig. Ich glaube, der Darm ist mir lieber.
Definitiv. Aber dann hast du keine andere Wahl – *du musst pupsen.* Wenn Essen im Darm verdaut wird, entstehen durch die chemischen Reaktionen Gase. Also bedeutet das für die meisten Tiere: entweder pupsen oder verhungern. Und das gilt auch für uns.

Echt?! Du meinst, man muss pupsen? Das ist super!
Na ja, es hängt wie gesagt davon ab, was du genau mit »pupsen« meinst. Wenn du meinst »Gas aus dem Darm abgeben«, dann ja, das musst du tun. Es passiert sowieso die ganze Zeit, egal, ob du willst oder nicht. Aber wenn du damit meinst: Dröhnend laut um die Wette trompeten und dir selbst dafür

Noten zwischen 1 und 6 zu verleihen – dann nein, das ist nicht zwingend nötig.

Mist! Pupse sind also einfach Speisegase aus unserem Darm, richtig?
Mmm, nein, das ist noch nicht die ganze Wahrheit. Bei den meisten Tieren (uns eingeschlossen) leben Bakterien im Darm, die auch wieder Gase abgeben, weil sie die Nahrung zersetzen. Viele Tiere – besonders Pflanzenfresser wie zum Beispiel Hasen – könnten ohne die Bakterien im Darm gar nicht leben. Bei anderen Tieren wiederum kommt ein Teil des Pupsgases davon, dass sie zufällig Luft beim Fressen schlucken. All das Gas muss irgendwohin, es rutscht also zusammen mit dem Futter bis zum Po des Tieres . . . und den Rest kennst du. Natürlich pupsen manche Tiere mehr als andere.

Okay, welche? Ich muss das wissen . . .
Manche Tiere erzeugen so viel Pupsgas, dass es bis in die Atmosphäre gelangt und zur weltweiten Erderwärmung beiträgt.* Wissenschaftler dachten lange, dass Kuhpupse hier am schlimmsten sind, aber man hat entdeckt, dass nicht ihre Pupse, sondern ihr Rülpsen so schlimm ist. Die Pupse von Termiten wiederum produzieren mehr Methangase (eins der Gase, das zur Erderwärmung beiträgt) als all unsere Autos, Flugzeuge und Fabriken zusammen! Die Termiten können da natürlich nichts dafür. Sie brauchen einfach viel mehr dieser Darm-

* Wenn du das nicht glaubst, schau in »Wird die Erde wirklich immer wärmer? Und: Ist das so schlimm?« auf S. 96.

bakterien als die meisten anderen Tiere, damit sie ihre hölzerne Nahrung verdauen können. Aber das hat ihnen den ersten Platz in unserer »Top 10 der tierischen Pupse« eingebracht. (Den Rest habe ich nicht logisch geordnet, höchstens danach, wie sehr sie stinken . . .)

Top 10 der tierischen Pupse

1 Termiten
2 Kamele
3 Zebras
4 Schafe
5 Kühe
6 Elefanten
7 Labradore/Retriever
8 Menschen (Vegetarier)
9 Menschen (alle anderen)
10 Wüstenrennmäuse

Können Tiere sprechen und über was unterhalten sie sich?

Viele Tiere können sprechen, aber nicht so, wie wir das tun. Wir können sie meistens nicht verstehen, aber sie scheinen sich gerne über Essen, Kämpfen und Liebäh-bäh-bäh zu unterhalten.

Können manche nicht genauso reden wie wir, zum Beispiel Papageien? Ich habe auch schon mal eine Katze im Internet gesehen, die »Hallo« gesagt hat.

Tiere haben nicht die gleiche Ausrüstung zum Sprechen wie wir. Viele haben Zungen, das ist klar, aber Zungen sind nur dazu da, dass man den Klang der Wörter verändern kann, die als Schwingung in unserer Kehle ihren Anfang nehmen. Den meisten Tieren fehlen die feinen Stimmbänder, die wir haben, sie können also keine weichen Vokale formen. Papageien und ein paar andere Tiere sind in der Lage, Geräusche zu machen, die sich wie Wörter anhören. Aber sie ahmen uns einfach nur nach und verstehen nicht richtig, was sie da sagen.

Wie sprechen sie dann?

Viele Tiere »sprechen« miteinander, indem sie Geräusche machen, die sie gegenseitig verstehen – nur wir nicht. Wenn Vögel zwitschern und singen, unterhalten sie sich. Katzen miauen und schnurren und Delfine pfeifen und machen ihre typischen Klickgeräusche. Man kann viele dieser Geräusche in ganz einfache Botschaften übersetzen: »Ich habe Hunger«, »Ich bin wütend«, »Füttere mich!«, »Lass mich in Ruhe!« Andere sind ein bisschen komplizierter: Delfine schnattern beim Spielen die ganze Zeit miteinander. Und es scheint so, als würden sie sich gegenseitig Anweisungen geben, wenn sie gemeinsam Fische jagen.

Andere Tiere verwenden Zeichen und Zeichensprache, um sich zu verständigen. Bienen führen zum Beispiel einen komplizierten Tanz auf, mit dem sie ihren Kollegen sagen, wo es was zu fressen gibt. Für uns sieht dieser Tanz aus wie eine Acht mit Powackler in der Mitte. Aber wenn die Biene eine aufrechte Acht in die Luft zeichnet, meint sie: »Fliegt Richtung Sonne!« Und wenn sie die Acht in einem bestimmten Winkel zeichnet, wissen die anderen Bienen, in welchem Winkel von der Sonne sie vom Bienenstock wegfliegen sollen. (Eine liegende Acht würde also heißen: »Düst im 90°-Winkel zur Sonne los.«) Auch ein Leitgorilla zeigt seiner Herde im Wald an, wo es langgeht. Er klopft nacheinander an zwei verschiedene Bäume. Die Linie zwischen diesen beiden Bäumen gibt den anderen Gorillas die Richtung an, in der sie weiterlaufen sollen – und die ganze Herde begreift das sofort.

Nicht schlecht. Aber das ist keine echte Zeichensprache, oder? Damit zeigen sie ja nur die Richtung an. Was ist mit Wörtern und ganzen Sätzen?

Es ist Wissenschaftlern gelungen, einigen Schimpansen eine ganz einfache, menschentaugliche Zeichensprache beizubringen. Aber sie lernen nur wenige Wörter und scheinen sich schwer damit zu tun, ganze Sätze zu bauen. Es könnte sein, dass sich nur bei Menschen der Teil des Gehirns entwickelt hat, mit dem man ganze Sätze bilden und verstehen kann. Oder aber tierische Sätze sehen einfach anders aus.

Wie meinst du das?

Tja, Delfine und Wale haben ebenfalls ziemlich komplizierte Hirnstrukturen und wir verstehen immer noch nicht, was ihre ganzen Klicklaute und Pfiffe bedeuten. Es kann also sein, dass sie in ganzen Sätzen reden. Vielleicht können sogar manche Kraken oder Tintenfische sprechen. Einige Tintenfische können mit bis zu vier Freunden gleichzeitig plaudern, indem sie an verschiedenen Seiten ihres Körpers Licht- und Farbmuster erzeugen.* Diese Muster verändern sich so schnell, dass wir sie kaum erkennen können. Da unten könnte also eine Menge abgehen . . .

Werden wir sie irgendwann einmal verstehen können?
Eines Tages vielleicht. Es wäre denkbar, dass wir in Zukunft so leistungsfähige Computer haben, dass sie die Delfinsprache entschlüsseln oder sogar »Krakisch« auf Deutsch übersetzen könnten.

Verrückt. Ich frage mich ja, was sie dazu sagen würden?
Vielleicht irgend so was wie: »Sorry? Ich habe eigentlich nicht mit dir gesprochen . . .«

* Um herauszufinden, wie sie das machen, lies »Wie viele Farben hat ein Chamäleon?« auf S. 116.

Wie viele Farben hat ein Chamäleon?

Hunderte, wenn du unterschiedliche Schattierungen einer Farbe mitzählst. Aber die meiste Zeit haben sie immer die gleichen Farben: Grün, Braun, Grau und Cremefarben (mit gelben Punkten).

Aber ich dachte, sie könnten total viele verschiedene Farben annehmen . . .
Ja, manche. Aber nur weil sie das *können*, heißt das nicht, dass sie's auch tun. Wenn es keinen wirklich wichtigen Grund für einen Farbwechsel gibt, sind die meisten Chamäleons ziemlich zufrieden mit der Farbe, die sie haben. Manche könnten sich auch gar nicht sehr verändern, selbst wenn sie wollten. Die Stummelschwanzchamäleons in Westafrika zum Beispiel können maximal ein paar müde Braunschattierungen hervorbringen.

Pah. Das ist langweilig. Wenn ich ein Chamäleon wäre, würde ich dauernd die Farben wechseln: Blau, Orange, Pink, Lila . . .
Wirklich? Überleg mal: Warum wechseln Chamäleons denn ihre Farbe?

Damit sie sich an ihre Umgebung anpassen?
Na ja, das ist ein Grund. Und welche Farben bräuchtest du, um dich an den Dschungel auf Madagaskar anzupassen – wo die meisten Chamäleons leben?

Du bräuchtest Grün. Und Braun. Und, äh . . . na ja, das reicht eigentlich.
Ja. Deswegen sind ihnen Farben wie Knallrot oder Gelb auch egal.

Aber manchmal zaubern sie doch total verrückte, knallige Farben.

Warum? Um wie Früchte auszusehen?
Nee, nicht ganz. Tarnung ist nicht der einzige Grund, warum sie die Farbe wechseln, weißt du. Und es ist erst recht nicht der wichtigste Grund.

Nicht? Warum sollten sie es sonst tun?
Sie tun es, weil sie auf Veränderungen des Lichts und der Temperatur reagieren. Und manchmal wechselt ihre Farbe auch mit ihrer Stimmung.

Und was bedeutet dann jede Farbe?
Grün oder Braun ist normalerweise die natürliche Farbe eines Chamäleons. Es benutzt diese Farben, um sich an die Blätter, die Rinde oder die Äste von Bäumen anzupassen.

Wenn es cremefarben oder gelb ist, versucht es entweder, sich abzukühlen (weil helle Farben mehr Sonnenlicht reflektieren), oder es ist wütend (und zeigt den anderen buchstäblich: »Passt auf – ich muss mich abkühlen!«).

Jede andere Farbe bedeutet in der Regel, dass das Chamäleon entweder jemanden bedrohen oder jemanden anbaggern will. Man kann diese Farben – meistens leuchtende Farben wie Rot oder Blau – sozusagen als Kriegsbemalung oder als Make-up verstehen.

Können auch andere Tiere ihre Farbe verändern?
Ja, einige. Auch wenn man Tiere, die ihr Fell je nach Jahreszeit verändern, nicht mitzählt (und das sind viele), gibt es verschiedene Spinnen, Fische oder Tintenfische, die ihre Farbe schnell wechseln können – und zwar beim Jagen oder um sich zu verstecken.

Und welches Tier macht das am besten?
Vermutlich Tintenfische. Sie sind echte Naturwunder.

Ein Chamäleon kann seine Farbe innerhalb von 10 bis 15 Sekunden vollständig ändern, indem es Schichten aus farbigen Pigmenten in seinen Hautzellen hin- und herschiebt. Es benutzt dabei ein paar Grundfarben und erzeugt daraus viele unterschiedliche Farbtöne.

Ein Tintenfisch hat Millionen von Pigmentzellen – wie die farbigen Punkte auf einem Computerbildschirm. Und er kann diese einzelnen Farbpunkte so schnell »an- und ausschalten«, wie wir blinzeln können. Er schafft also Hunderte von Farbwechseln in einer Sekunde, sodass die Farben sich wie Wellen über seine Haut bewegen und fließende »Bilder« entstehen. Ganz als würden seine Gedanken als animierte Fernsehsendung über seine Haut wandern.

Verrückt! Ich frage mich, ob sie auch DSDS empfangen können.

Wie schmeckt ein Mensch für einen Tiger oder Hai?

Wahrscheinlich ganz lecker. Ein bisschen wie Rindfleisch, nur süßer. Zum Glück fressen Haie oder Tiger so gut wie nie einen Menschen – sie mögen Seehunde und Wild viel lieber.

Süßes Rindfleisch? Iiiih!

Tja, du wolltest es wissen. Was hast du erwartet? Hühnchengeschmack?

Alle Säugetiere haben so ziemlich die gleichen Proteine, aus denen ihre Muskeln bestehen. Nur die Anzahl und die Art der Muskelfasern sorgen dafür, dass das Fleisch von verschiedenen Tieren einen jeweils leicht anderen Geschmack und eine andere Konsistenz hat. Pferd ist also ein bisschen zäher als Rind, Wal ein bisschen salziger und wir ... na ja, ein bisschen süßer.

Süß und wie Rindfleisch? Diesen Geschmack haben wir also für einen Tiger?

Ja, so in der Art. Aber wir wissen das natürlich nicht sicher, da sie den Geschmack vermutlich anders deuten als wir. Aber egal – so richtig lecker sind wir für sie wohl nicht, da sie uns nicht oft fressen.

Aber Tiger fressen doch dauernd Menschen, oder nicht?

Nein, überhaupt nicht. Tiger- und Haiangriffe auf Menschen sind in Wirklichkeit sehr selten, und selbst wenn sie Menschen angreifen, fressen sie das Opfer so gut wie nie auf. Ob du's glaubst oder nicht, Tiger fliehen normalerweise vor Menschen und greifen nur an, wenn sie selbst angegriffen werden, sich in die Ecke gedrängt fühlen oder überrascht werden. Und selbst dann verteidigen sie sich höchstens mit ihren Krallen oder beißen ihr Opfer und machen dann, dass sie wegkommen. Sie bleiben nicht da und kauen und schlucken.

Und bei Haien gibt es nur ein paar wenige Arten – wie die großen Weißen Haie, Bullenhaie und Tigerhaie –, die Menschen angreifen. Die anderen beachten den Menschen normalerweise gar nicht. Sogar diese »Killerhaie« versuchen möglichst immer, eine Begegnung mit einem Menschen zu vermeiden. Die meisten Haiangriffe richten sich auch nicht gegen Taucher oder Schwimmer (wie man vielleicht denkt), sondern gegen Surfer.

Warum? Was haben sie gegen Surfer?

Vermutlich gar nichts. Aber wenn Surfer auf ihrem Board in die Wellen paddeln, dann sehen sie von unten einem Seehund ziemlich ähnlich. Haie mögen Seehunde. Seehunde schmecken köstlich. Und jetzt stell dir mal vor, wie enttäuscht ein Hai ist, wenn er einen Happen aus dem Surfbrett beißt (und manchmal eben auch aus dem Surfer) und feststellt, dass heute kein Seehund auf der Speisekarte steht. Meistens sind sie ziemlich angewidert und schwimmen verärgert davon.

Diese Art von Zusammenstößen machen über 90 Prozent aller Übergriffe von Haien auf Menschen aus. Und meistens überleben die Opfer.

Und was ist mit den restlichen 10 Prozent?

Ähm . . . na ja, sie haben das Pech, an Haie zu geraten, die in einer Art Futterrausch sind. Das kann passieren, wenn eine Gruppe von Haien im Wasser Blut riecht. Aber noch mal – das ist sehr selten. Haie töten nicht annähernd so viele Menschen pro Jahr wie Quallen. Und an Land töten Tiger weit weniger Menschen als zum Beispiel die Flusspferde.

Was? Das gibt's doch nicht! Sind Flusspferde dann die gefährlichsten Tiere?

Längst nicht. Die gefährlichsten Landtiere sind Moskitos! Sie bringen deutlich mehr Leute um als jedes andere Tier. Und im Meer sind Quallen die zweitgefährlichsten Tiere – kurz nach einer großen Meeresschnecke, die man Kegelschnecke nennt. Schau dir mal unsere Top 10 der Killertiere an.

Top 10 der Killertiere

Das **Moskito** trägt Mikroorganismen in seinem Speichel, die Malaria und viele andere fiese Krankheiten auslösen, die jedes Jahr über 3 Millionen Menschen weltweit töten.

Die **Kegelschnecke** ist ein wunderschönes, schneckenähnliches Weichtier, das eine giftige Harpune aus seiner Muschel auf jeden schleudert, der bekloppt genug ist, sie anzufassen. Die Stiche können binnen Sekunden töten.

Die **Seewespe,** auch bekannt als Würfelqualle, lässt ihre 5 m langen Tentakel durchs Wasser treiben. Ihre Stiche können innerhalb von Stunden töten.

Die **Speikobra** ist eine sehr giftige, sehr aggressive Schlange, die in Indien vorkommt. Sie tötet über 50.000 Menschen pro Jahr.

Der **Taipan** ist eine australische Giftschlange. Ihr Gift ist 80-mal so gefährlich wie das einer Klapperschlange. Zum Glück werden höchstens vier oder fünf Menschen pro Jahr gebissen.

Die **Trichternetzspinne** ist weitaus gefährlicher als die berühmte Schwarze Witwe. Ihr Gift kann einen Menschen in weniger als 15 Minuten töten. Hunde und Katzen sind aber gegen ihr Gift immun, wenn du also eine entdeckst – schicke Waldi oder Miezi vor!

Das **Flusspferd** tötet unglaublicherweise in Afrika mehr Menschen als jedes andere wilde Tier. Die meisten sitzen in kleinen Booten. (Die Menschen, nicht die Flusspferde.)

Die **Killerbiene** ist eine aggressive, mutierte Kreuzung aus afrikanischen und südamerikanischen Bienen. Die Schwärme jagen ihren Opfern manchmal kilometerweit hinterher – oft aufgescheucht durch Rasenmäher.

Der **Elefant** tötet in Afrika mehr als 500 Menschen pro Jahr – das sind deutlich mehr Opfer als die von Löwen oder Leoparden.

Der **Pfeilgiftfrosch** ist winzig, trägt aber genügend Gift in seiner Haut, um damit 10 bis 20 Menschen zu töten.

Können Tiere Dinge hören und sehen, die wir nicht wahrnehmen?

Auf jeden Fall! Die meisten können das. Es gibt Tiere, die Infrarot- und Ultraviolettfarben sehen. Andere können Dinge »sehen«, indem sie hören. Aber – auf der anderen Seite wiederum sind die meisten Säugetiere farbenblind und die meisten Insekten komplett taub.

Manche Tiere haben also bessere Sinne als wir und andere schlechtere?

Es ist schwierig, sie so miteinander zu vergleichen, weil jedes Tier die Sinne entwickelt hat, die am besten zu seiner Lebensweise und seiner Umgebung passen. Maulwürfe haben zum Beispiel einen unglaublich gut ausgeprägten Hör- und Tastsinn, aber sie sind praktisch blind. Unterm Strich sind sie also nicht besser oder schlechter ausgestattet als wir – nur anders. Aber wenn man jedes Tier für sich sieht, haben einige Tiere sehr wohl ziemlich unvorstellbare Fähigkeiten.

Zum Beispiel? Welches Tier kann zum Beispiel am besten sehen?

Das kommt darauf an, was du mit »sehen« meinst. Wenn du meinst, wer die besten Augen hat, dann sind Vögel ziemlich genial. Ein Andenkondor kann einen Hasen aus 5.500 Meter Höhe entdecken und Falken sehen sie sogar noch klar, während sie mit 200 km/h durch die Luft düsen.

Wenn du aber meinst, dass die Tiere Dinge »sehen«, die wir nicht sehen können, dann sind Bienen einzigartig. Sie sehen ultraviolettes Licht (als Schattierung von Violett – Wissenschaftler nennen das *Bienenpurpur*). Und einige Schlangen können die Wärmespuren ihrer Opfer als Infrarotstrahlung »sehen«. Das funktioniert etwa so wie die Nachtsichtgeräte von Soldaten.

Cool. Was ist mit Superohren? Hunde hören ziemlich gut, oder?
Hunde können mit Sicherheit höhere Töne hören als wir. Wir hören Töne bis zu etwa 20.000 Hertz (Hertz ist die Maßeinheit für die Tonhöhe bzw. für die Frequenz eines Tons), während Hunde bis zu 40.000 Hertz hören. Aber Katzen können noch viel höhere Geräusche wahrnehmen (bis zu 60.000 Hertz). Beide können jedoch einpacken, wenn man sie mit Delfinen (bis zu 100.000 Hertz) und Fledermäusen (120.000 Hertz) vergleicht. Delfine benutzen ihr unglaubliches Gehör, um Fische im Wasser ausfindig zu machen. Sie senden sehr hohe Töne aus und hören auf das Echo, wenn der Ton von ihrer Beute zurückgeworfen wird. Fledermäuse sind darin noch besser und können in absoluter Dunkelheit eine fliegende Motte präzise orten.

Das ist nicht fair, die arme Motte!
Nicht unbedingt – Motten können Klänge bis zu 240.000 Hertz hören. Sie hören den Fledermausschrei also oft schon kommen und weichen einfach aus.

Moment. Du hast doch gesagt, dass Insekten taub sind?
Ja, die meisten schon. Aber manche – darunter Motten, Schmetterlinge, Heuschrecken und Grashüpfer – haben einen ganz feinen Hörsinn und benutzen einzigartige Klänge, um ihre Kollegen zu finden und miteinander zu kommunizieren.

Und was ist mit farbenblinden Säugetieren – stimmt das? Ich dachte, Stiere reagieren wütend auf rote Sachen?
Nein, Stiere sind farbenblind. Und sie gehen auf das wedelnde Tuch des Matadors los, weil es ein großes Ziel ist, das sich be-

wegt; nicht weil es rot ist. Das Tuch könnte auch grün oder blau sein – der Stier würde immer noch darauf reagieren. Das Sprichwort »wie ein rotes Tuch für einen Stier« bedeutet also gar nichts, für einen Stier ist es einfach ein Stück Stoff.

Was ist dann mit dem »Stier im Porzellanladen«?
Äh ... das war der Elefant, aber für den Verkäufer im Porzellanladen ist auch der ein rotes Tuch.

Können Zebras Sonnenbrand kriegen?

Unter den passenden Bedingungen kann fast jedes Tier einen Sonnenbrand bekommen. Aber Tiere mit Fell – so wie Zebras – kriegen selten einen. Außer auf ihren Nasen.

Buh! Das macht keinen Spaß! Ich war mir sicher, dass die weißen Streifen in der Sonne verbrennen können . . .
Na ja, hast du schon jemals ein pink-schwarz gestreiftes Zebra gesehen?

Nein . . .
Also, da hast du's.

Aber warum verbrennen sie nicht? Ich dachte, helle Haut verbrennt schneller als dunkle.
Zebrastreifen sind unterschiedlich gefärbte Stellen in ihrem *Fell*. Ihre *Haare* sind also abwechselnd schwarz und weiß. Ihre Haut darunter ist übrigens schwarz. Das beantwortet auch die Frage »Sind Zebras weiß mit schwarzen Streifen oder schwarz mit weißen Streifen?« ganz elegant.

Aber warum helfen Haare oder ein Fell? Wird ihnen darunter nicht einfach nur noch heißer?
Tierhaare (das schließt auch menschliches Haar ein) bestehen aus einem Protein, das man *Keratin* nennt. Keratin hilft, die ultraviolette Strahlung, die den Sonnenbrand verursacht, zu absorbieren und zu reflektieren. Deswegen bekommen normalerweise nur Leute mit Glatze einen Sonnenbrand auf dem Kopf! Aber Zebras haben nicht am ganzen Körper Haare; das heißt, wenn sie nicht aufpassen, bekommen sie einen Sonnen-

brand auf der Nase! Um das zu vermeiden, stellen sie sich mittags, wenn die Sonne am stärksten ist, in den Schatten. Die meisten schlauen Tiere tun das – nur menschliche Sonnenanbeter sind oft zu doof, um die heiße Mittagssonne zu meiden.

Bekommen wir deswegen so oft Sonnenbrand?
Tja, wir bekommen einfach leichter einen Sonnenbrand, aber du musst dich ja auch nicht gerade in der Mittagshitze in die Sonne legen.

Warum ist Sonnenbrand eigentlich so gefährlich?
Der Sonnenbrand selbst ist eigentlich gar nicht so gefährlich, außer deine Haut entzündet sich danach. Das Gefährliche daran ist der Hautkrebs. Er wird durch ultraviolette Sonnenstrahlen (UV-Strahlen) ausgelöst, die in die DNA deiner Hautzellen eindringen und neue Verbindungen zwischen DNA-Teilen herstellen, die vorher nicht da waren. Wenn das passiert, drehen die Hautzellen ein bisschen durch und fangen an, sich unkontrolliert zu vermehren. Wenn du Glück hast, hören sie schnell wieder damit auf und du bekommst nur eine Sommersprosse. Wenn du Pech hast, können sie ewig so weitermachen. Das kann passieren, wenn du dich den UV-Strahlen über einen langen Zeitraum ungeschützt aussetzt. Blonde oder rothaarige Menschen sind besonders empfindlich, weil sie meistens hellere Haut haben, aber eigentlich sollte jeder aufpassen. Der einfachste Schutz ist Sonnencreme oder Sonnenblocker und sich immer wieder in den Schatten zurückzuziehen.

Oder man könnte einen Pelzmantel tragen . . .
Ja, könnte man. Aber das sähe am Strand ein bisschen – sagen wir – speziell aus.

Wovor haben große Tiere Angst?

Es kommt darauf an, wo sie leben und was sie für Erfahrungen gemacht haben. Meistens haben sie Angst vor Feuer, lauten Geräuschen und Menschen – in dieser Reihenfolge.

Die ganze Story von ängstlichen Elefanten und Mäusen ist also . . .

. . . witzig in Comics, aber kompletter Unsinn, tut mir leid.

Können Tiere denn überhaupt richtig Angst kriegen, so wie wir?

Auf jeden Fall! Angst ist eine natürliche Reaktion auf Gefahr. Tiere haben sie entwickelt – genauso wie Zähne, Krallen und Stoßzähne –, um sich selbst zu schützen. Manche Ängste sind angeboren. Man nennt diese Ängste *instinktive Furcht* oder *primäre Furcht* und gemeint ist zum Beispiel die Angst vor Feuer oder vor Tieren, die größer sind als sie selbst. Andere Ängste kann ein Tier auch erlernen – aus Erfahrung. Die nennt man dann Phobien.

Was nützt es denn, eine Phobie zu »erlernen«?

Die können manchmal ganz nützlich sein: Eine gesunde Furcht vor Höhen, Schlangen oder Spinnen kann ein wildes Tier so lange schützen, bis es weiß, wie es mit diesen Gefahren umgehen soll. Andere Ängste können auch zu stark ausgeprägt sein und den Tieren schaden. Das sieht man meistens beim Menschen (sieh dir die Top-10-Liste von häufigen und seltsamen Phobien auf Seite 131 an), aber es kommt auch bei Tieren vor. Hunde können zum Beispiel Phobien vor seltenen Sachen wie Heißluftballons oder Müllbeuteln entwickeln

(meiner hatte vor beidem Angst!). Große Tiere sind – logischerweise – größer als die meisten anderen Tiere, sie haben also vor weniger Sachen Angst. Aber Feuer, laute Geräusche oder Menschen jagen auch ihnen Angst ein.

Okay, die Angst vor Feuer verstehe ich. Aber warum vor lauten Geräuschen?

Viele Tiere denken bei lauten Geräuschen an Donner, das könnte also eine instinktive Furcht sein, die sie vor Blitzen schützt.

Und warum haben die Tiere Angst vor Menschen? Was sollten sie fürchten, wenn sie größer sind als wir?

Fast überall auf der Welt haben die Tiere aus Erfahrung gelernt, dass wir gefährlich für sie sind, und sie haben eine Art Menschenphobie entwickelt. Früher haben wir sie mit Speeren und Pfeilen gejagt; heute haben wir Gewehre. Egal, wo wir uns auf der Welt niedergelassen haben, wir haben mindestens eine Tierart durch unsere Jagd ausgerottet oder beinah ausgerottet. Nach Tausenden von Jahren haben die meisten Tiere das kapiert.

Gibt es furchtlose Tiere?

An einigen wenigen Orten auf der Welt, die wir zwar entdeckt haben, die aber seit Tausenden von Jahren von Menschenhand unberührt sind (wie zum Beispiel auf abgelegenen Inseln oder im tiefen, undurchdringlichen Urwald), leben interessanterweise Tiere, die keine Angst vor Menschen kennen – weil sie bisher keinen Grund hatten, Menschen als bedrohlich zu erachten. Aber auch diese Tiere fürchten sich vor Feuer oder lautem Knall, sie sind also nicht furchtlos.

Genauso denken wir oft, dass Löwen, Tiger und Elefanten furchtlos seien. Aber in Wirklichkeit greifen sie uns nur an, weil sie *Angst* haben, dass wir *ihnen* etwas tun. Wenn sie die Wahl haben, bleiben die meisten wilden Tiere schön weit weg von uns und es ist also auch ziemlich schwierig, nah an sie ranzukommen.

Auf der anderen Seite ist der freundliche, flugunfähige Dodo ausgestorben, weil er auf der lange Zeit unbewohnten Insel Mauritius lebte und also nicht vorsichtig genug war. Als im 17. Jahrhundert Menschen, Schweine, Hunde und Ratten auf die Insel kamen, jagten die Menschen ihn. Sie gingen einfach auf ihn zu und schlugen ihm mit einem Knüppel auf den Kopf (bis ihnen das irgendwann langweilig wurde), während die eingeschleppten Tiere seine Eier und seine Jungen fraßen. Das Ergebnis war, dass der Dodo innerhalb von 100 Jahren nach der Ankunft der Neuankömmlinge ausgestorben war. Menschenphobie scheint also eine ziemlich gesunde Angst für Tiere zu sein. Erst kürzlich wurde eine abgeschiedene Tiergemeinschaft im Dschungel von Sumatra entdeckt. Hoffen wir mal, dass die Tiere dort schneller als der Dodo kapieren, dass sie Angst vor uns haben sollten.

Top 10 der Phobien
(nicht besonders geordnet)

Akrophobie	Angst vor Höhen
Agoraphobie	Angst vor großen, offenen oder sehr überfüllten Plätzen
Achluophobie	Angst vor der Dunkelheit
Astraphobie	Angst vor Gewittern
Schulphobie	Angst vor der Schule
Ergophobie	Angst vor der Arbeit
Lutraphobie	Angst vor Ottern
Genuphobie	Angst vor Knien
Xenatophobie	Angst vor der Farbe oder dem Wort »Gelb«
Panophobie	Angst vor allem

Warum gibt es keine dreibeinigen Tiere?

Wegen der Art und Weise, wie sich Beine entwickelt haben und wie die Tiere sie benutzen. Beine entwickeln sich immer als Paare und Tiere haben immer eine gerade Anzahl Beine. Auch wenn man das nicht bei jedem Tier sofort sieht.

Aber würden fünf Beine nicht genauso gut funktionieren wie zwei oder vier?
Eher nicht. Ein Tier, das eine gerade Anzahl von Beinen hat, ist automatisch gut ausbalanciert, weil der Schwung von einem Bein auf der einen Seite von dem Bein auf der anderen Seite ausgeglichen wird. Wenn es anders wäre, müsste das Tier entweder ein Bein auf einer Seite weniger oft bewegen oder im Kreis laufen.

Toll. Natürlich. Ich wusste es. Aber was wäre, wenn es zwei Hinterbeine hätte – eins auf jeder Seite – und ein Vorderbein in der Mitte.
Tja, diese Art von Dreifuß – oder Tripod – könnte funktionieren, aber das gibt es nicht. Beine entwickeln sich im tierischen Embryo immer als Paare.

Wirklich immer?
Jau, immer.

Aber warum?
Weil sich alle Tiere aus einer einzelnen Zelle entwickeln – eine Eizelle, die sich mit einer Samenzelle verbindet, wenn sie befruchtet wird, stimmt's?

Stimmt.
Diese Zelle teilt sich dann, sodass es zwei Zellen gibt, jede dieser neuen Zellen teilt sich wieder, das macht vier neue Zellen, die teilen sich wieder, macht acht, sechzehn, zweiunddreißig und so weiter. Bevor du's dir versiehst, ist eine große Kugel aus Zellen entstanden, eine sogenannte *Blastozyste*. Diese faltet sich dann ein paarmal und nach ein bisschen chaotischem Zell-Origami entwickeln sich ein Kopfende, ein Schwanzende und eine rechte und linke Seite. Jetzt ist es eine Art Basis-Embryo.

Okay.
Als Nächstes entwickelt der Embryo einzelne Abschnitte, die sich immer wiederholen. So entstehen zum Beispiel die Knochen für den Nacken, für das Rückgrat und den Schwanz (man nennt sie Wirbelknochen) oder für die Arm- und Beinpaare. Eine Gruppe bestimmter Gene, die sogenannten *Hox-Gene*, sagt dem Embryo, wie viele Abschnitte er benötigt und wie diese Abschnitte aussehen sollen. Vierbeinige Tiere entwickeln sich so, dass sie das Segment aus zwei Gliedmaßen einmal wiederholen. Die Unterschiede zwischen Vorder- und Hinterbeinen entwickeln sich dann erst später – bei zweibeinigen Tieren werden die Vorderbeine zum Beispiel zu Armen oder zu Flügeln.

Und was ist mit Seesternen? Die können doch fünf Beine haben, oder?
Das scheint so, aber in Wirklichkeit sind diese »Beine« eigentlich Arme oder genauer gesagt »Teile des Körpers«. Und unter jedem hat der Seestern Hunderte von winzigen Tentakel-Füßchen, mit denen er sich fortbewegt. Und dreimal darfst du raten . . . natürlich! Sie sind alle in einer geraden Anzahl vorhanden.

Gibt es wirklich gar kein Tier mit drei Beinen?
Na ja, eins vielleicht schon . . .

Welches denn?
Eine Fliege. Wenn du sie der Länge nach halbierst.

(Stöhn.)
Tschuldigung.

Warum können Wale und Delfine unter Wasser nicht atmen?

Weil sie sich zuerst als Tiere entwickelt haben, die an Land atmen und deshalb Lungen haben – keine Kiemen, so wie Fische.

Und was ist der Unterschied zwischen einer Lunge und Kiemen?
Also, beides dient demselben Zweck, nämlich Sauerstoff in den Blutkreislauf des Tieres zu transportieren und Kohlendioxid wieder aus dem Körper herauszufiltern. Sowohl in den Kiemen als auch in der Lunge sind viele kleine Blutgefäße verteilt, die die Gase (Sauerstoff und Kohlenstoffdioxid) in den Blutkreislauf bringen oder herausfiltern. Sie unterscheiden sich nur in dem, was sie aufnehmen: Kiemen sind Wasserfilter, während die Lunge ein Luftfilter ist.

Wie?
Fischkiemen sind im Prinzip Kämme aus Federn, die aus dem Wasser, das der Fisch beim Schwimmen schluckt, Sauerstoff herausfiltern. Lungen sind aufblasbare Säcke, die sich mit Luft füllen, nicht mit Wasser. Und tief in ihrem Innern wird das Gas gefiltert, in winzigen, beerenähnlichen Kammern, die man Alveolen nennt.

Oh – ich verstehe.
Als die fischähnlichen Vorfahren aller Säugetiere (darunter auch Wale, Delfine und Menschen) zum ersten Mal an Land gingen, um zu fressen und zu brüten, mussten sie Lungen entwickeln, damit sie außerhalb des Wassers atmen konnten. Einige ihrer Nachfahren verkleinerten ihre Kiemen dann (und verloren sie letztendlich) und wurden zu »Vollzeit-Luftat-

mern«. Einige dieser Luftatmer entwickelten sich schließlich zu großen Landsäugetieren und die meisten blieben an Land. Doch eine Familie von Säugetieren, die *Wale* (dazu gehören Delfine, Wale und Schweinswale), kehrten ins Wasser zurück. Aber – sie behielten ihre Lungen.

Delfine und Wale haben also mal an Land gelebt? Wie konnten sie sich denn dort fortbewegen?
Nicht die Delfine und Wale selbst, sondern ihre *Vorfahren* lebten an Land. Und sie liefen herum wie die meisten anderen Landtiere.

Was?! Mit den kurzen Flossen und ohne Beine?!!
Nein. Diese Vorfahren *hatten* Beine. Sie sahen ein bisschen wie unsere Flusspferde heute aus, nur mit einem langen Schwanz und einer längeren, spitzeren Schnauze. (Klingt komisch, oder? Aber es gibt Fossilien, die das beweisen.) Sie entwickelten die Flossen erst, als sie wieder im Wasser lebten – und verloren dann auch ihre Beine.

Aber warum haben sie dann nicht wieder Kiemen entwickelt?
Die einfache Antwort ist: Weil sie es nicht mussten. Evolution geschieht nicht, wenn die Tierart das *will*. Und auch nicht, weil nur die stärksten, am besten angepassten Tiere überleben. Sondern es ist einfach so, dass die schwächsten und am schlechtesten angepassten Tiere in jeder Generation sterben oder getötet werden.*

Bei den flusspferdähnlichen Vorfahren von Walen und Delfinen gab es einige, deren Gliedmaßen eher flossenähnlich geformt waren, und das half ihnen, sich im Wasser fortzubewegen und Fische zu fangen. Also hatten die Tiere mit dieser Art

* Ein anderes Beispiel dafür findest du in »Wozu gibt es Vögel ohne Flügel?« (Seite 139).

Flossen bessere Überlebenschancen als die anderen und zum Schluss blieben nur die mit Flossen übrig. Auf der anderen Seite kamen sie auch im Wasser ganz gut mit ihren Lungen klar, es war also nicht notwendig, Kiemen zu entwickeln. Nach Fischen tauchen, auftauchen und dann an der Wasseroberfläche wieder Luft holen, klappte anscheinend gut, also entwickelten sie einfach Techniken, um den Atem unter Wasser länger anzuhalten. Am Ende konnten sie statt einigen Minuten sogar stundenlang unter Wasser bleiben.

Ist das alles? Sie hatten einfach keine Lust, Kiemen zu entwickeln?

Na ja, sie haben sich nicht willentlich dafür oder dagegen *entschieden,* das hat die Natur für sie getan. Und es gibt noch eine Kleinigkeit, die man wissen muss. Um im Körper neue Strukturen zu entwickeln, müssen die Grundbausteine dafür da sein.

Die Flügel von Fledermäusen zum Beispiel waren am Anfang so eine Art Schwimmhaut zwischen den spillerigen Fingern eines mausähnlichen Vorfahren der Fledermaus. Als die Finger länger wurden – und die Hautlappen zwischen ihnen größer – wurden sie irgendwann zu Flügeln.

Aber als unsere amphibischen Vorfahren Lungen entwickelten und sich ihre Kiemen zurückbildeten, verloren sie auch die Bausteine, die vorher zum Aufbau funktionierender Kiemen da gewesen waren. (Teile dieser Kiemen wurden zu Kiefer- und Gehörknochen – aber das ist eine andere Geschichte!)

Danach war es zu schwierig, wieder Kiemen zu entwickeln, deswegen können die Nachfahren – unter ihnen auch die Delfine und Wale – nicht unter Wasser atmen. Und deshalb ist es auch unwahrscheinlich, dass wir uns irgendwann zu Meermenschen entwickeln werden.

Schade! Das wäre cool.
Vielleicht schon. Wenn dir Fisch oder Krill zum Frühstück schmecken ...

Wozu gibt es Vögel ohne Flügel?

Vögel ohne Flügel kommen normalerweise gut zurecht, auch ohne dass sie fliegen können. Sie haben andere Lebensweisen gefunden. Warum sich also darüber den Kopf zerbrechen. Wenn sie könnten, würden sie vielleicht die anderen Vögel fragen: Wozu soll fliegen gut sein?

Häh? Ich blick's nicht. Ich finde, Vögel müssen fliegen, dafür sind sie doch da, oder? Ich frage dich – was für eine Art Vogel soll das sein, der nicht fliegen kann? Ein ziemlicher Mistvogel, ganz einfach.

Also, sogar flügellose Vögel sind irgendwann mal geflogen. Sie kamen nur etwas aus der Übung, als sie andere Dinge lernten und entwickelten. Diese anderen Dinge verschafften ihnen einen Vorteil vor den übrigen Vögeln. Sogar vor den fliegenden, ob du's glaubst oder nicht.

Wie zum Beispiel? Was könnte denn besser als fliegen sein?

Überleg mal einen Moment und denk an Pinguine: Sie leben in der Antarktis, wo es extrem kalt ist. Dort leben fast keine Tiere und die, die es trotzdem tun, müssen so viel Energie wie möglich sparen, damit sie warm bleiben. Und – es gibt dort keine Insekten. Außer Fischen gibt es also für einen Vogel nichts zu fressen.

Sie könnten jetzt also all ihre Zeit damit verbringen, herumzuflattern und ins Meer zu tauchen, um die wenigen Fische zu fangen, die zufällig an die Oberfläche kommen. Oder . . . sie könnten dort jagen, wo die Fische leben, indem sie schwimmen lernen. Pinguine benutzen also ihre Flügel, um unter Wasser zu »fliegen« (und das tun sie sehr kunstvoll, vielleicht hast du das schon mal gesehen). Sie sind viel besser im Fischfang als die meisten fliegenden Seevögel. Ein Pinguin würde also eher fragen: Wozu soll fliegen gut sein? Man verbraucht außerdem viel weniger Energie und Muskelkraft, wenn man mit den Flügeln schwimmt und unter Wasser umhergleitet, als wenn man sich immer in der Luft halten muss. Wie gesagt: Wer in der Antarktis lebt, muss möglichst viele Kräfte sparen, damit er warm bleibt und überlebt.

Okay. Pinguine sind also keine Mistvögel. Aber was ist mit Emus oder Straußen? Was ist mit Dodos?
Emus und Strauße haben lange Beine, damit sie schnell sprinten können. Und sie sind viel besser darin, Beute zu machen und ihren Feinden zu entkommen, als du vielleicht denkst. (Sie haben außerdem einen ganz schön fiesen Tritt.) Sie sehen den gefiederten Dinosauriern, von denen sie abstammen, noch ziemlich ähnlich.* Dodos waren viel größer als die meisten anderen Tiere auf der damals noch von Menschen unbewohnten Insel Mauritius.** Sie hatten keine natürlichen Feinde und lebten mehrere Tausend Jahre lang ganz ungestört. Erst als die Menschen auf die Insel kamen und Tiere mitbrachten, die die Eier der Dodos fraßen, starben sie aus.

Oh. So habe ich das noch nie gesehen. Das ist traurig.
Stimmt. Respekt vor dem Dodo! Lang lebe der Pinguin! Gelobt seien die Kiwis!

Du meinst, es gab auch mal fliegendes Obst . . .?
(Seufz.) Nein.

Oh. Ich wusste es.

---

* Mehr Einzelheiten gibt es in »Warum gibt es keine Dinosaurier mehr?« (Seite 141).
** In »Wovor haben große Tiere Angst?« steht noch mehr dazu (Seite 128).

Warum gibt es keine Dinosaurier mehr?

Die meisten Dinosaurier starben vor 65 Millionen Jahren aus. Vermutlich, nachdem ein riesiger Meteorit ihren Lebensraum zerstört hatte. Aber es gibt immer noch ein paar, wenn man weiß, wo man suchen muss . . .

Was?! Sie leben noch? Wo? Warum weiß ich davon nichts?
Ganz ruhig – ich werde alles erklären . . .

Ah, ich weiß schon! Es ist Nessie in Loch Ness, oder?
Nein. Nicht Nessie. Oder sagen wir so: Es wäre sehr unwahrscheinlich. Dort müsste eine ganze Familie leben und . . .

Wo dann?
Okay, okay – ich verrate es dir. Sie sind überall um dich herum.

Aber, warte mal, ich habe noch nie einen gesehen . . . ich meine . . . was?!
Lass mich erklären. Wie ich schon sagte: Die meisten Dinosaurier starben vor rund 65 Millionen Jahren aus. Am Ende der Kreidezeit in der Erdgeschichte. Man nimmt an, dass das wahrscheinlich geschah, als ein Objekt aus dem Weltraum die Erde traf. Es landete vermutlich in Mexiko und hinterließ einen fast 200 km breiten Krater, den man heute noch sieht.* Es könnte ein Komet oder nur ein Meteorit gewesen sein, aber egal, was es war – es hatte eine Breite von über 10 Kilometern und die Kraft von einer Million Atombomben. Das löste Erd-

* Um mehr darüber zu erfahren, lies weiter in »Könnten Kometen oder Asteroiden die Erde zerstören, wenn sie uns träfen?« (Seite 49).

beben aus, die die Berge zerschmetterten, erzeugte gigantische Tsunamis, die das Land überfluteten, und wirbelte genug Staub und Erde auf, um die Sonne für mehr als ein Jahr zu verdunkeln.

Hilfe! Das war's dann wohl.

Für die meisten Dinos war's das wirklich. Wer nicht durch die Druckwelle oder die Flut starb, verendete später, weil es keine Nahrung mehr gab. Die Pflanzen starben ohne Sonnenlicht, also verhungerten die Pflanzenfresser, wenn sie nicht vorher schon von den großen Fleischfressern wie Tyrannosaurus Rex verspeist worden waren. Außer den Dinosauriern vernichtete der Asteroid wahrscheinlich zwei Drittel der Tierwelt auf der Erde. Unglaublicherweise überlebten trotzdem viele Tiere und manchen ging es jetzt besser als je zuvor, da es die übermächtigen Dinos nicht mehr gab. Unter den Überlebenden waren auch unsere Vorfahren – kleine, aasfressende Säugetiere, mehr wie Mäuse oder Spitzmäuse und nicht wie die affenartigen Wesen, die wir heute sind. Neben den frühen Säugetieren gab es außerdem Fische, Reptilien, Insekten . . . und ein paar der kleineren Dinosaurier, die sich von ihnen ernährten.

Und wo sind diese Dinosaurier jetzt?

Na ja, leider folgten viele dieser kleineren Dinosaurier ihren größeren Brüdern und starben aus. Wir wissen nicht sicher, wieso, aber sie waren vielleicht einfach nicht so gut an die neuen Umweltbedingungen angepasst wie die Säugetiere und die anderen Reptilien, gegen die sie sich durchsetzen mussten. Wir wissen, dass sich das Klima auf der ganzen Erde ungefähr zur selben Zeit veränderte. Egal, ob der Asteroid das Klima veränderte oder nicht – vor dem Einschlag war es wärmer und milder auf der Erde und danach wurde es kälter. Es kann also sein, dass sie deshalb ausstarben.

Aber egal, wie, nicht alle starben aus. Eine Gruppe, man nennt sie *Theropoda,* überlebte an der Seite der anderen Tiere und entwickelte sich langsam zu etwas, das du kennst. Sie wurden Vögel.

Vögel?! Die kleinen, süßen Flattertierchen?! Du machst Witze, oder?
Nein, im Ernst. Wissenschaftler entdeckten schon vor Jahren Ähnlichkeiten in der Körperform von Vögeln und kleinen Dinosauriern. Aber bis vor Kurzem konnten sie nicht sagen, ob sich einer aus dem anderen entwickelt hat oder ob Vögel und Dinosaurier unabhängig voneinander dieselben Merkmale ausgebildet hatten. Jetzt scheint aber alles darauf hinzudeuten, dass sich Vögel aus Dinosauriern entwickelt haben. Unsere gefiederten Freunde sind also hoch entwickelte Theropoda-Dinosaurier. Wenn du also einen Dinosaurier sehen willst – schau in die Luft!

Bedeutet das, dass einige Dinosaurier Flügel hatten?
Zuerst nicht, nein.

Und was ist mit Flugsauriern?
Tja, Flugsaurier sind eigentlich keine richtigen Dinosaurier und sie entwickelten sich auch nicht zu Vögeln. Ihre Flügel sahen ganz anders aus als Vogelflügel und sie starben etwa zur gleichen Zeit aus wie die größeren Dinosaurier.

Einige Theropoda-Dinosaurier, die Vorfahren unserer Vögel, konnten irgendwann fliegen, nachdem sie Federn entwickelt hatten. Anfangs war dieses Federkleid wohl eher dazu da, sie zu wärmen. Dann aber wurden die Federn nützlich, weil sie damit gleiten und höher hüpfen konnten, um Insekten zu fangen. Schließlich verloren die Dinosaurier irgendwann auch noch ihre Zähne und bildeten stattdessen glatte Schnäbel aus. Wir wissen das alles aus Fossilienfunden, die diese »Dino-Vögel« zeigen: dinoähnliche Tiere mit Federn und sogar kurzen, stummeligen Flügeln. Außerdem können Genetiker jetzt alte, schlafende »Dinosaurier-Gene« in Vögeln wecken, zum Beispiel in Hühnern. Diese »Dino-Hühner« sehen dann ziemlich unheimlich aus, weil ihnen scharfe Zähne in den Schnäbeln wachsen.

Krass! Heißt das, wir können Dinosaurier züchten, so wie in Jurassic Park?
Eines Tages vielleicht schon. Wir können zwar keine DNA aus Bernstein isolieren, so wie im Film. Aber mithilfe von Supercomputern könnten wir eines Tages in der Lage sein, ein Dinosaurier-Genom nachzubauen. Wenn das klappt, wäre es möglich, einen Babydino in einem Straußenei zu züchten. Im Moment ist das aber alles noch Theorie und, wenn überhaupt, noch lange hin.

Ich will einen Tyrannosaurus, bitte.
Ich habe gesagt: *noch* nicht! Und ich würde an deiner Stelle erst mal deine Eltern fragen . . .

Haben Spinnen Ohren?

Nein. Aber das scheint ihnen nichts auszumachen. Wahrscheinlich, weil sie mit ihren Beinen hören können. Oh, und sie können mit ihren Beinen auch riechen und schmecken.

Was?! Das ist ja verrückt!
Verrückt, aber es stimmt. Die Beine von Spinnen sind eines der erstaunlichsten und faszinierendsten Dinge, die es im ganzen Tierreich gibt. Hast du dich noch nie gefragt, warum Spinnenbeine so haarig sind?

Äh . . . nein. Aber jetzt, wo du's sagst . . .
Also, ein Teil der Antwort ist: Spinnen benutzen ihre Haare, um ihre Umgebung zu »hören«. Sie spüren damit die Geräusche und Bewegungen ihrer Feinde und ihrer Beute und können so vor Gefahren ausweichen und Nahrung finden.

Aber wie kann man mit Haaren hören?
Haare sind sogar ganz wichtig beim Hören. Du selbst hast auch Haare, mit denen du hörst. Sie verstecken sich nur in deinem Innenohr, hinter deinem Trommelfell.

Wie war das?
Geräusche oder Klänge sind nichts anderes als Druckwellen, die sich durch die Luftmoleküle hindurchbewegen (oder durch Wasser, Metall oder eben das Material, durch das der Schall weitergegeben wird). Wenn etwas in der Luft einen Ton macht, dann schwingt es eigentlich nur schnell hin und her. Dadurch verbreiten sich Luftdruckwellen in alle Richtungen. Diese Wellen bewegen sich durch die Luft bis zu deinen Oh-

ren. Dort treffen sie auf die dünne Membran deines Trommelfells und dann schwingt dein Trommelfell auch.

Okay, das geht klar. Was passiert dann?

Als Nächstes wird diese Schwingung durch winzige Knöchelchen an deine Innenohrschnecke hinter das Trommelfell weitergegeben. Die Innenohrschnecke sieht ein bisschen aus wie eine kleine, spiralförmige Muschel. Sie ist mit einer Flüssigkeit gefüllt und entlang der spiralförmigen Röhre mit Tausenden von kleinen Härchen besetzt. Wenn die Schwingung die Innenohrschnecke erreicht, löst sie Druckwellen in der Flüssigkeit aus. Die Haare nehmen diese Bewegung wie kleine Antennen auf und verwandeln sie in ein elektrisches Signal, das an dein Gehirn gesendet wird. Das Gehirn übersetzt dieses Signal dann in einen bestimmten Klang. Den erkennen wir mithilfe unserer Erinnerung als »Gitarrensaite«, »Rülpser«, »Hubschrauber« oder sonst irgendwas.

Cool. Aber wenn Spinnen keine Ohren haben, wie hören sie dann?

Spinnen haben keine Ohren und sie hören die Geräusche nicht so wie wir. Aber sie haben dafür Tausende winziger Härchen an ihren Beinen, man nennt sie *Trichobothrien (Becherhaare)*. Mit ihnen spüren sie Luftdruckwellen, die durch Geräusche oder plötzliche Bewegungen ausgelöst werden. Sie wissen wahrscheinlich nicht, was sie da genau »hören«, aber sie wissen, woher der Klang kommt und ob dieser Geräuschverursacher eher eine Gefahr für sie darstellt (zum Beispiel ein Vogel oder eine andere Spinne) oder ob vielleicht ein Imbiss »ruft« (also eine Fliege).

Spinnenbeine sind also deshalb so haarig?

Ja, das ist der eine Grund dafür. Aber sie benutzen nicht alle Haare zum Hören. Mit einigen Härchen können sie winzige Mengen von Chemikalien in der Luft oder auf einer Oberfläche entdecken, denn auf den Härchen befinden sich spezielle Geschmacksrezeptoren – wie auf unserer Zunge. Diese Härchen sitzen alle zusammen an der Spitze des Beins, sozusagen am Fuß und deswegen schmecken Spinnen die Dinge buchstäblich, indem sie über sie drüberlaufen. Am »Fuß« befindet sich noch ein weiterer »Sinn«, mit dem sie Geruch oder Feuchtigkeit wahrnehmen können. Spinnen riechen also auch mit ihren Beinen.

Das ist total durchgeknallt.

Ich hab doch gesagt, dass sie echt erstaunlich sind, oder nicht? Aber es gibt *noch* eine Art Haare, die Spinnen an ihren Füßen haben, man nennt sie *Setae*. Und die sind erst richtig genial: Jedes dieser Haare ist selbst haarig – damit können die Spinnen an Mauern und glatten Oberflächen hochklettern.

Was?!

Jeder Fuß ist mit Tausenden von Setae bedeckt und jedes dieser Setae verzweigt sich wiederum in Tausende von noch kleineren Mikrohärchen. Sie sind so winzig, dass man sie selbst mit dem stärksten Mikroskop der Welt kaum sehen kann. Diese Mikrohärchen haften mit einer besonderen Art von elektrischer Anziehung an den Oberflächen. Das ist ein bisschen wie bei einem Luftballon, den du an deinen Haaren reibst, damit er an der Wand kleben bleibt (dabei benutzt du auch Reibungselektrizität). Diese Kraft funktioniert aber nur innerhalb von winzigen Entfernungen, das Haar und die Fläche, auf der die Spinne krabbelt, dürfen also nicht mehr als ein paar Nanometer (das ist ein Milliardstel eines Meters) auseinander sein.

Deshalb müssen diese Mikrohärchen so unglaublich winzig sein. Unter einem Mikroskop sieht selbst die glatteste Fläche uneben aus, sie hat überall mikroskopisch kleine Hügel und Risse. Die Mikrohärchen sind so winzig, dass sie zwischen diese Unebenheiten passen und damit so nah an der Oberfläche sind, dass die elektrische Klebekraft greift.

Cool. Aber wenn das so gut klebt, wie kriegt die Spinne ihre Beine dann wieder von der Wand weg?
Sie trennt oder schält den Fuß nach und nach von der Wand ab. So ähnlich, wie wenn du einen Klettverschluss öffnest. Wir sind erst dabei zu verstehen, wie das genau funktioniert. Aber die Wissenschaftler hoffen, dass sie dieses Wissen nutzen können, um haftende Astronautenstiefel zu konstruieren. Damit könnten die Astronauten im All auf ihrem Raumschiff herumlaufen, ohne dass sie in den Weltraum abstürzen oder wegfliegen.

Seeeehr genial! Ich will auch solche Schuhe!
Sorry, hinten anstellen, bitte. Ich bin der Erste in der Schlange.

Über den Menschen

Voilà – der menschliche Körper. Über Millionen von Jahren ausgetüftelt und getuned, bis er eine hoch entwickelte Maschine wurde. Er ist so unglaublich vielschichtig und perfekt an seine Umwelt angepasst, dass wir die mächtigsten und intelligentesten Wesen auf diesem Planeten werden konnten.
Aber wenn du's dir genau überlegst, ist es manchmal ziemlich abstoßend, ein Mensch zu sein. Trotz all unserer Errungenschaften niesen, rülpsen, pupsen und pinkeln wir uns so durchs Leben. Wie riesige fleischige Ballons, die zum Bersten voll mit Rotz, Gas und noch Schlimmerem gefüllt sind.
Wenn unsere Körper wirklich so klug und vielseitig gebaut sind, warum sehen wir dann unter Wasser so schlecht? Und warum kann uns eine Riesenportion Eis – in einem Happs verschlungen – in die Knie zwingen?
Auf den nächsten Seiten erforschen wir die Rätsel über Farbenblindheit und anderes und entdecken, was es wirklich bedeutet, ein Mensch zu sein.

Warum ist Schnodder grün?

Im Prinzip ist dieser grüne Schleim das Ergebnis eines Kampfs zwischen fiesen Bazillen und bestimmten Körperzellen.

Was?!

Ja, ernsthaft. Schnodder oder Rotz besteht aus einer klebrigen Substanz, die sich in der Nase bildet, damit schädliche Bakterien eingefangen und herausgespült werden können.* Diese üblen Bazillen versuchen, tief in deine Nase zu gelangen, wenn du sie einatmest. Der klebrige Schleim verhindert, dass sie in deinen Hals und dann in die Lungen wandern. Außerdem enthält der Schleim Zellen, die dein Körper entwickelt hat, um die Bazillen zu bekämpfen und zu töten. Diese Zellen sorgen für die grüne Farbe. Mit Niesen und Naseputzen wirst du den Schleim los.

Uah. Na schön. Aber wozu bilden sie diesen grünen Schleim?

Die Körperzellen sind ein Teil des unglaublich schlauen und komplizierten Abwehrsystems deines Körpers. Sie stellen besondere Proteine her, die man *Lysozyme* nennt. Diese helfen dabei, die Bakterien zu sprengen, aufzufressen und zu verdauen – ein bisschen wie bei deiner Magensäure. Man nennt diese Zellen *Phagozyten,* das ist lateinisch und bedeutet »Fresszellen«. (Das deutsche Wort gefällt dir sicher besser, aber Biologen verwenden *Phagozyten,* weil es sich klüger und wichtiger anhört.) Und eines dieser Killer-Proteine ist grün.

Aber warum grün und nicht blau oder lila?

Eigentlich nur, weil dieses Protein eine Form von Eisen enthält,

---

* Mehr dazu in »Was würde passieren, wenn du zur selben Zeit niesen und pupsen würdest?« (Seite 169).

das grünes Licht zurückwirft und alle anderen Farben schluckt.*
Ein ähnliches Protein ist übrigens in Wasabi, der Rettichsorte, die man zu japanischem Sushi isst. Deshalb ist Wasabi genauso grün. Das nächste Mal, wenn du so was isst, kannst du ja dran denken . . . Oder beim Verspeisen eines Popels.

Ich esse keine Popel. Ich bohre nicht mal in der Nase.
Oh, natürlich nicht. Das macht keiner. Kein Mensch rollt Popel und spickt sie weg oder klebt sie unter den Tisch.

Stimmt. Aber falls es jemand täte . . . warum würde der Popel seine Farbe verändern: von Grün zu Dunkelgrün, Braun oder Schwarz?
Wenn der Rotz einmal aus dem warmen, feuchten Zuhause deiner Nase heraus ist, trocknet er, weil das Wasser in ihm verdunstet. Dabei sterben die *Phagozyten* und die grünlichen Proteine in ihnen zerbrechen, sodass der Popel nicht mehr grün aussieht.

Dann setzen sich Bakterien aus der Luft auf den Popel und fressen ihn auf (nur nichts umkommen lassen, würde meine Mutter jetzt sagen). Sie zersetzen all die kleinen *Phagozyten,* toten Bakterien und Hautzellen, die sich im Rotz befinden, bis nur noch eine getrocknete bräunlich-schwarze Masse aus Proteinresten übrig bleibt. Und sogar die wird irgendwann aufgefressen.

Aber warte mal – woher wusstest du eigentlich, dass Popel ihre Farbe verändern, wenn du nie in der Nase bohrst?

Ups.

* Ein Erklärung dazu findest du in »Welche Farben kann man nicht sehen, wenn man farbenblind ist?« (Seite 156).

Die 10 besten Orte, wo man seinen Popel hinkleben kann

1 Unter einen Tisch
2 Unter deinen Stuhl
3 Unter deine Zunge
4 An die Wand
5 An einen Freund
6 In ein fremdes Mäppchen
7 In die Brotbox von jemand anderem
8 Hinter ein Lenkrad
9 Hinter deinen Kopf
10 Wieder in deine Nase

Warum sieht man unter Wasser nur verschwommen?

Weil deine Augen dazu gedacht sind, in der Luft zu sehen. Wenn sie nicht von Luft, sondern von Wasser umgeben sind, wird das Licht, das in die Augen fällt, zu stark gekrümmt. Wir können dann nicht gut genug fokussieren, um klare Formen zu erkennen.

Licht wird gekrümmt? Ich dachte, Licht verbreitet sich in geraden Linien.
Ja. Aber wenn es sich von einem Material in ein anderes bewegt (zum Beispiel von Luft in Wasser), kann es »gebrochen« werden. Das heißt, dass der Lichtstrahl seine Richtung ein kleines bisschen verändert, sobald er in verschiedene Materialien eintritt oder sie verlässt. Das Licht wird also eigentlich eher abgelenkt als gekrümmt.

Was meinst du damit?
Stell dir eine Glasflasche vor: Wenn du durch sie hindurchblickst, sehen die Dinge auf der anderen Seite komisch aus – etwas größer oder länger, als wenn du sie direkt anschaust, stimmt's?

Stimmt.
Also – warum ist das so? Wenn du direkt auf etwas schaust, prallen die Lichtstrahlen (die zum Beispiel von der Sonne oder einer Glühbirne ausgehen) von diesem Ding zurück, bewegen sich durch ein Material – die Luft – und fallen direkt in deine Augen. Dort werden sie von deiner Linse in einem Punkt gesammelt. Wenn jetzt aber eine Flasche im Weg steht, bewegen

sich die Lichtstrahlen erst durch die Luft, dann durch das Glas (dabei ändern sie ihre Richtung ein wenig), dann durch die Luft in der Flasche (sie ändern ihre Richtung wieder), dann noch mal durchs Glas (noch ein Richtungswechsel) und zum Schluss wieder durch die Luft (du ahnst es: ein erneuter Richtungswechsel). Jetzt ist es doch eigentlich klar, dass das Muster der Lichtstrahlen sich verändert oder verschoben hat, wenn es in deinem Auge ankommt. Dadurch sieht das Ding hinter der Glasflasche anders aus – vergrößert oder gestreckt.

Das Gleiche passiert, wenn du von oben irgendetwas unter der Wasseroberfläche anschaust. Sachen, die am Boden eines Schwimmbads oder auf dem Meeresboden liegen, sehen verzerrt aus und man denkt, dass sie näher an der Oberfläche sind, als das tatsächlich der Fall ist. Denn das Licht, das von ihnen zurückgeworfen wird, wird gebrochen, wenn es das Wasser verlässt und in die Luft eintritt.

Na ja, stimmt, die Sachen sehen schon ein bisschen komisch aus, aber man kann sie trotzdem gut erkennen. Also warum verschwimmt dann alles, sobald man unter Wasser ist?
Da sich das menschliche Auge in der Luft entwickelt hat, ist es so eingestellt, dass es Lichtstrahlen, die sich durch die Luft bewegen und dann ins Auge fallen, gut auffangen kann. Wenn du unter Wasser bist, haben deine Augen keine Luft um sich herum. Anders als beim vorigen Beispiel fallen die Lichtstrahlen also vom Wasser direkt in deine Augen und biegen sich dabei wie verrückt. Deine Linsen können sie nicht richtig auffangen, also kriegst du auch kein scharfes Bild von dem Ding, das du anschaust. Du siehst allerhöchstens ein verschwommenes Bild.

Und warum hilft es dann, eine Schwimmbrille zu tragen?
Wenn du eine Schwimmbrille aufsetzt, hast du wieder eine

Schicht Luft zwischen deinen Augen und dem Wasser. Deine Augen können also wieder scharf sehen. Das Bild, das du siehst, ist immer noch ein wenig vergrößert, aber es ist scharf. Außer du bekommst Wasser in die Schwimmbrille. Dann bist du genauso schlau wie am Anfang.

Was ist mit anderen Tieren? Sehen sie unter Wasser auch verschwommen?

Manche schon, zum Beispiel Bären oder Affen. Andere Tiere haben Tricks entwickelt, damit sie unter Wasser scharf sehen, natürlich vor allem die, die oft im Wasser nach Nahrung suchen. Fische müssen natürlich unter Wasser sehen können. Aber sie haben ganz andere Augen als wir – nämlich welche, die sich von Anfang an so entwickelt haben, dass sie im Wasser gut sehen. (Die meisten Fische können übrigens nicht genauso scharf sehen wie wir.) Pinguine sehen – wie die meisten Vögel – sehr gut. Aber ihre Augen haben eine flache Hornhaut (das ist die äußere Linse oder »Fensterscheibe« des Auges, die das Licht ins Auge lenkt), damit die Lichtstrahlen weniger gekrümmt werden, wenn sie unter Wasser jagen.

Ah. Das erklärt, warum man nie Pinguine mit Schwimmbrillen sieht.

Ja, vermutlich. Ich hab mich das auch schon immer gefragt …

Ich auch.

Welche Farben kann man nicht sehen, wenn man farbenblind ist?

Das kann Rot, Grün, Blau oder Gelb sein. Es hängt davon ab, welche Art von Farbenblindheit du hast und ob du ein Junge oder ein Mädchen bist. Und auch dann bedeutet es nicht, dass du diese Farben nicht sehen kannst – du kannst sie nur nicht voneinander unterscheiden.

Aber wenn farbenblinde Menschen weder Rot, Grün, Blau oder Gelb sehen können . . . was bleibt dann übrig? Sehen sie schwarz-weiß?
Nein, ganz und gar nicht. Es gibt nur ganz wenige Menschen, die lediglich Abstufungen von Grau wahrnehmen, man nennt sie *Monochromaten.* Aber die meisten farbenblinden Menschen können viele Farben sehen, die du auch erkennst. Sie haben nur Schwierigkeiten, spezielle Paare dieser Farben voneinander zu unterscheiden.

Und welche sind das?
Wie gesagt, es hängt davon ab, welche Art von Farbenblindheit jemand hat. Die häufigste Art ist, dass man bestimmte Rot- und Grüntöne nicht unterscheiden kann. Bei anderen sind es einige Blau- und Gelbtöne.

Aber selbst dann bedeutet es nicht, dass diese Menschen nur eine einzige Farbe wahrnehmen, falls sie zum Beispiel auf eine schwedische Flagge schauen (ein blaues Kreuz auf gelbem Grund). Sie sehen trotzdem einen *Kontrast* oder Unterschied zwischen den Farben. Es könnte nur sein, dass sie dir nicht sagen können, welche Farbe das genau ist.

Komisch.
Nein, eigentlich nicht. Selbst zwei Leute mit durchschnittlich guter Farbwahrnehmung werden oft unterschiedlicher Meinung sein, welche Farbe sie vor sich sehen. Farbwahrnehmung ist eine ziemlich komplizierte Geschichte. Viele Leute bemerken ihr ganzes Leben lang nicht, dass sie eine Farbenblindheit haben.

Wie bekommt man sie denn?
Es ist eine *genetische Veranlagung,* man erbt sie also eher von seinen Eltern, als dass man sie im Laufe seines Lebens erwirbt. (Obwohl Farbenblindheit in seltenen Fällen auch durch Chemikalien ausgelöst werden kann, die in die Augen geraten sind.) Man bekommt sie, wenn man ein fehlerhaftes Gen – oder einen Teil der DNA – von einem oder beiden Elternteilen erbt. Dieses Gen produziert normalerweise ein Protein, das sich im hinteren Teil des Auges befindet, man nennt das *Zapfen.* Mit diesen Zapfen werden Lichtstrahlen in unterschiedliche Signale für das Gehirn übersetzt, die »Rot«, »Blau«, »Gelb« und so weiter bedeuten. Du hast zwei Kopien dieser Gene. Wenn also eine davon defekt ist, kann die andere immer noch genügend Zapfen produzieren, damit du Farben gut erkennst. Aber wenn beide Gene fehlerhaft sind, entwickeln sich gar keine dieser Zapfen und du bist farbenblind.

Aber warum gibt es da einen Unterschied zwischen Jungen und Mädchen?
Weil den Jungen ein Teil der DNA fehlt, die die Mädchen haben.

Echt? Das ist aber nicht fair . . .
Lass es mich erklären.

Gene gibt es immer als Gruppe, die man *Chromosomen*

nennt. Jungen und Mädchen haben beide 23 Paare davon – 46 Chromosomen insgesamt. Bei Mädchen ist ein Paar davon das mit den sogenannten X-Chromosomen. Jungen haben dagegen nur ein X-Chromosom, das mit einem anderen Chromosom, dem sogenannten Y-Chromosom, gepaart ist. Und da liegt der Unterschied: Das X und das Y bilden kein so exaktes Paar wie die anderen. Das X und das Y sind ähnlich, aber nicht identisch. Das Y ist kürzer als das X und ihm fehlen einige Stellen, die das X hat. Und eine dieser fehlenden Stellen enthält das Gen für die superwichtigen Rot-Grün-Rezeptoren, über die wir vorhin geredet haben.

Also sind Mädchen besser als Jungen, stimmt's?

Na ja, wenn bei einem Mädchen eins ihrer X-Chromosomen ein beschädigtes oder fehlerhaftes Zapfen-Gen hat, hat sie immer noch eine Ersatzkopie auf dem anderen X. Bei einem Jungen sieht das anders aus: Wenn er ein defektes Gen auf seinem einzigen X-Chromosom erbt, hat er einfach mal Pech gehabt, weil es keinen Ersatz gibt.

Das bedeutet also, dass zwar viele Mädchen das Gen für Rot-Grün-Blindheit geerbt haben, aber tatsächlich nur die Jungen darunter leiden. Andere Arten von Farbenblindheit, wie Blau-Gelb-Blindheit, hängen nicht mit den Genen auf dem X- oder Y-Chromosom zusammen. Es gibt sie also bei Mädchen und Jungen gleich häufig.

Aber im Prinzip sagst du doch, dass Mädchen besser sind als Jungen?

Nicht besser, nur anders.

Ach, egal.

Verwandelt sich ein Rülpser in einen Pups, wenn man ihn verschluckt?

Manchmal schon. Oder er verwandelt sich einfach in einen (etwas stärker stinkenden) Rülpser, der ein bisschen später wieder hochkommt. Was deinen Körper betrifft, gilt, fürchte ich: »Lieber raus als rein.«

Heißt das, Pupse und Rülpser sind im Prinzip das Gleiche?
Das könnte man so sagen. Beides sind Verdauungsgase – sie gehen nur in die entgegengesetzte Richtung. Aber sie bilden sich unterschiedlich.

Ah? Aus was bestehen Pupse und Rülpser denn eigentlich?
Rülpser bestehen meistens aus Sauerstoff und Kohlendioxid, vermischt mit ein paar Aromagasen. Sie entwickeln sich, wenn du beim Essen Luft schluckst, die dann bis in deinen Magen wandert – bevor sie etwas später wieder ausgestoßen wird. Pupse sind ein bisschen komplizierter. Sie enthalten ein wenig verschluckte Luft, aber zusätzlich noch Methan, Schwefelwasserstoff (das sorgt für den Geruch nach faulen Eiern) und andere Gase, die beim Verdauen und durch die in deinem Darm angesiedelten Bakterien entstehen.

Warum muss man öfter rülpsen, wenn man sprudelige Getränke trinkt? Und warum pupst man mehr, wenn man Bohnen gegessen hat?
Sprudelnden Getränken wird Kohlenstoffdioxid zugesetzt, damit sie so schön blubbern. Wenn du sie schnell trinkst, sam-

melt sich das Gas in deinem Magen, bis es wieder nach oben drückt – durch deine Speiseröhre, aus deinem Mund und ins Gesicht deiner empörten Tante.

Bohnen enthalten ganz viel Zellulose, ein faseriges Material, das schwer verdaulich ist. Deine Darmbakterien kümmern sich also um so ausgiebiger darum. Sie zerlegen es und geben dabei Kohlenstoffdioxid ab. Diesmal wandern die Gase nach unten, stauen sich im Mastdarm (oder im Podurchgang) und knattern irgendwann mit enormem Tempo in die nichts ahnende Außenwelt.

Und warum riechen und klingen Rülpser und Pupse so verschieden?

Sie riechen so verschieden wegen ihrer unterschiedlichen Inhalte. Aber ehrlich gesagt auch deswegen, weil die Pupse viel länger als die Rülpser in deinem Köper sind, bevor sie rauskommen – sie haben also mehr Zeit, um Gerüche aufzunehmen. Weil sie sich durch unterschiedliche Hohlräume in dir nach draußen bewegen, klingen sie auch unterschiedlich. Das ist so ähnlich wie bei einem Blasinstrument: Der Ton wird durch die Windungen beeinflusst, durch die das Gas hindurchmuss, und durch die Kraft, mit der die Gase nach draußen gepresst werden. Rülpser bollern durch deine vergleichsweise gerade Speiseröhre nach oben, vorbei an deinen Stimmbändern (was praktisch für den »Rülps-Sprech-Trick« ist) und durch Mund und Nase nach draußen. Das ergibt also einen ziemlich tiefen, leisen Ton und nur ein sanftes Lüftchen.

Pupsgeräusche sind viel variabler. Nachdem die Gase es bis zu deinem Mastdarm geschafft haben, bleibt der Darmausgang *(Anus)* durch einen Muskel (den sogenannten *Schließmuskel*) verschlossen. Wenn sie sich rausschleichen, ist der Pups unhörbar (aber stinkt tödlich). Wenn sie rausgedrückt werden, vibriert der Schließmuskel und dabei entstehen alle möglichen Töne – von leisem Rumpeln bis zu hohem Gequietsche.

Wenn man beides vergleicht, ist die Arschtrompete ein besseres Instrument als das Rülpsophon.

Okay. Aber wenn ein Rülpser zu einem Pups werden kann, falls man Luft schluckt – warum geht es dann nicht anders rum auch?

Weil die Gänge in deinen Verdauungsorganen an bestimmten Stellen Sicherheitsventile haben, damit verdautes Essen nicht wieder in deinen Mund gelangt. Denn das wäre nicht nur total unangenehm, sondern es könnte auch schmerzhaft werden. Nachdem der verdaute Speisebrei deinen Magen verlässt, ist er nämlich voller Säuren und würde deine Speiseröhre verätzen. Die Ventile, man sagt auch Schließmuskeln, gibt es am Eingang und Ausgang deines Magens und an der Mündung zwischen deinem Dünn- und deinem Dickdarm. Der Schließmuskel zwischen deinem Magen und den Därmen verhindert, dass die Gase wieder zurück in den Magen gelangen und dort zu Rülpsern werden.

Und was wäre, wenn diese Schließmuskeln nicht funktionieren würden?

Dann würdest du aus Mund und Nase pupsen. Aber – ich weiß nicht, wie's dir geht, mir ist die aktuelle Regelung lieber . . .

Warum muss man so flüssig aufs Klo, wenn man Durchfall hat?

Deine Verdauungsreste sehen am Anfang immer aus wie Durchfall. Aber normalerweise trocknet dein Körper sie im letzten Rutsch durch deine Eingeweide aus. Nur wenn dein Darm durcheinander ist, »regnet« es sozusagen aus deinem Po.

Eklig! Der Körper trocknet also das Zeug, damit es nicht einfach aus dem Po rausläuft?
Nee, eigentlich nicht. Dein Körper verdaut nicht, damit am Schluss eine schöne, trockene braune Wurst herauskommt, sondern damit möglichst viele Nährstoffe und viel Flüssigkeit aus dem, was du isst, verwertet werden. Die braune Wurst ist einfach das, was nach aller Verwertung noch übrig bleibt. Wenn alles gut geht, kommen die Verdauungsreste also ziemlich kompakt hinten wieder raus, weil das Wasser im Körper verwertet wurde. Wenn irgendwas schiefgeht, bleibt das Wasser in der Abfallpampe . . . und du hast Schwierigkeiten, dass die Soße nicht von alleine rausläuft.

Geschieht diese ganze Verwertung im Magen?
Nein, ganz und gar nicht. Die meisten Leute denken, dass das Essen im Magen verdaut wird und dann durch ein Gewirr von langen Röhren in deinen Po geschoben wird. Aber so funktioniert das nicht. Dein Magen verdaut die Dinge ein bisschen, aber er ist vor allem eine Art Vorratssack für Nahrung, damit du viel auf einmal essen kannst. Durch diesen Trick reicht es aus, wenn du zwei- oder dreimal pro Tag eine größere Mahlzeit zu dir nimmst. Anders als manche Tiere, die den ganzen Tag kleine Mengen mümmeln und kauen müssen.

Wie funktioniert es dann?
Verdauung fängt eigentlich schon im Mund an: Deine Zähne zerkleinern das Essen mechanisch und verwandeln es mithilfe von Spucke (die von den Speicheldrüsen geliefert wird) in einen breiigen Klumpen. Spucke (oder *Speichel)* enthält besondere Proteine *(Enzyme)*, die stärkehaltiges Essen in Zucker umwandeln.

Dieser kleine, leicht verdauliche Klumpen wird dann geschluckt und durch die Speiseröhre in den Magen gedrückt. Dort wird das Essen – und die Flüssigkeiten, die du trinkst – gesammelt und noch stärker geknetet und zerdrückt. Das übernehmen die Muskeln an der Magenwand. Starke Säuren in deinem Magen lösen das Gemisch dann auf und am Ende ist es ein flüssiger Speisebrei. (Wenn du die Verdauung an dieser Stelle unterbrichst, weil du dich übergibst, dann kommt genau dieser Speisebrei wieder raus.)

So, wenn du jetzt mal überlegst, hast du bis hierhin eigentlich nur das Essen verdünnt, indem du es durch eine Art menschliches Mixgerät mit ein paar Säuren gequirlt hast. Du hast es aber noch nicht verdaut, also die Nährstoffe oder das Wasser in deinen Körper aufgenommen.

Und wo passiert das dann?
In den letzten beiden Teilen deines Verdauungssystems – dem Dünndarm und dem Dickdarm. Der Dünndarm ist eine enge, über 6 Meter lange Röhre (er ist übrigens sehr viel länger als der Dickdarm, aber – wie der Name schon sagt – viel dünner.) Er arbeitet wie ein Nährstoffschwamm und zieht mit seinen Millionen von kleinen Falten und Erhebungen lebenswichtige Zucker, Proteine, Fette und Salze aus dem Speisebrei, der durch ihn hindurchwandert. Diese Nährstoffe werden dann von deiner Leber gefiltert und mit dem Blutkreislauf in deinen Körper geschickt.

Der Dickdarm ähnelt mehr einem Wasserschwamm. Auch er hat Millionen von kleinen Erhebungen, die das Wasser aus dem Verdauungsbrei ziehen und ihn austrocknen. Das Wasser wird dann von deinen Nieren gefiltert. Von dort wird das Meiste an dein Blut und die Körperzellen weitergegeben und der Rest wandert in deine Blase. Mit einer Extraportion Salz gibst du diese Flüssigkeit dann beim Pinkeln wieder ab.

Was kann denn dabei schiefgehen?

Wenn du etwas isst, das nicht mehr gut ist, oder verdorbenes Wasser trinkst, werden die kleinen Erhebungen im Darm von Bakterien, Viren oder anderen fiesen Kleinstlebewesen *(Mikroorganismen)* attackiert. Der Darm kann dann das Wasser nicht mehr aus dem Speisebrei ziehen. Der Abfallbrei bleibt also nass und flüssig und der ganze Schlamassel kommt aus dir raus – manchmal eher tropfend, manchmal sprüht es wie aus einer Gießkanne.

Igitt! Wie kann man das stoppen?

Indem du einfach verhinderst, dass deine Eingeweide angegriffen werden. Das heißt, du musst sehr gut aufpassen, dass du nichts isst, was schon zu lange aufbewahrt wurde oder nicht genug erhitzt worden ist (dabei sterben nämlich die *Mikroorganismen*).

Bei Wasser kann normalerweise nichts passieren, da Trinkwasser gefiltert wird, um Krankheitserreger zu entfernen, und an einige Mikroorganismen haben wir uns auch gewöhnt. Nur im Urlaub, wenn wir in anderen Ländern sind, kriegen wir manchmal Durchfall, weil wir an das Wasser dort nicht gewöhnt sind. Da trinkt man am besten nur abgefülltes Wasser aus dem Supermarkt.

Aber was ist, wenn man einmal Durchfall hat: Wie kann man ihn dann wieder stoppen?

Gar nicht. Du musst den Dingen sozusagen einfach ihren »Lauf« lassen. Jeder Versuch, dich zu verstopfen, könnte gefährlich enden: Der Druck im Darm würde sich immer mehr erhöhen und dich möglicherweise in eine Durchfallrakete verwandeln, wenn du das lange genug aushalten würdest. Aber wahrscheinlicher ist, dass du einfach nur sehr krank werden würdest. Schlage also lieber deine Zelte auf dem Klo auf und trinke viel Wasser mit Nährstoffen, um das, was du verlierst, wieder zu ersetzen. Und beim nächsten Mal: Einfach auf den gammelig aussehenden Hamburger verzichten.

Warum ist Gähnen ansteckend?

Ah . . . knifflige Frage. Viele Tiere gähnen, aber nur Menschen und Schimpansen lassen sich vom Gähnen anstecken. Auf jeden Fall gähnt man nicht, um mehr Sauerstoff zu bekommen, wie man fälschlicherweise früher immer dachte. Die schlüssigste Vermutung ist, dass Gähnen ein Signal für eine Gruppe ist und bedeutet: »Hey, lasst uns anhalten und eine Pause machen.«

Was? Aber man gähnt doch irgendwie automatisch, oder? Du machst das doch nicht absichtlich, um Leuten zu sagen, dass du müde bist?

Tja, es ist eine automatische Reaktion oder ein *Reflex*, aber diese Reaktion ist anders als beim Blinzeln oder wenn man die Hand von einer heißen Herdplatte wegzieht. Das sind beides Reflexe, die wir zu unserem eigenen Schutz entwickelt haben – einmal, damit man nichts ins Auge bekommt, und zum anderen, damit man sich nicht verbrennt. Und noch ein Unterschied: Wenn wir jemanden beobachten, der blinzelt oder von einer Herdplatte wegspringt, dann machen wir es nicht einfach nach. Gähnen passiert außerdem lange nach dem eigentlichen Auslöser und du kannst stärker kontrollieren, ob du es zulässt oder nicht.

Aber man gähnt doch, wenn man müde ist. Heißt das nicht einfach, dass man Schlaf braucht?

Ja, stimmt. Aber nicht alle Tiere, die gähnen (weil sie müde sind), finden das ansteckend. Eigentlich sind es sogar nur die Schimpansen, von denen wir wissen, dass sie das tun. Und auch Menschen lassen sich vom Gähnen eines anderen erst ab einem Alter von zwei Jahren anstecken.

Und was bedeutet das?

Schimpansen sind die einzigen Tiere, die wir kennen, die nicht nur ihren eigenen Zustand, sondern auch den eines anderen Tieres erkennen und verstehen können. Man nennt das *Empathie,* also Einfühlungsvermögen. Dass die Schimpansen das können, ist vielleicht nicht allzu überraschend, weil sie unsere nächsten Verwandten im Tierreich sind. Menschliche Babys zeigen erst ab einem Alter von zwei Jahren Einfühlungsvermögen, weil vorher die Gehirnbereiche, die man dafür braucht, noch nicht entwickelt sind.

All das bedeutet also vielleicht Folgendes: Vermutlich war Gähnen ursprünglich nur eine Botschaft *an einen selbst,* dass man Schlaf braucht. Aber inzwischen könnte es sich zu einem Signal entwickelt haben, das *bei anderen* Mitgefühl weckt. Mit anderen Worten: Wenn du gähnst, sehen dich andere und ohne dass sie das merken, stellen sie sich vor, wie müde du dich fühlst. Falls sie selbst auch nur ein kleines bisschen müde sind, gähnen sie zurück und alle anderen um euch herum sehen, dass ihr beide müde seid. Das kann dann in einer Kettenreaktion enden, sodass um dich herum einer nach dem anderen auch gähnt.

Aber wozu soll das gut sein?

Das wissen wir noch nicht genau. Es könnte aber einer Gruppe von Menschen (oder Schimpansen) zeigen, wie müde die ganze Gruppe ist, und dabei helfen zu entscheiden, ob man gemeinsam weitergeht oder eine Pause macht. Damit wird sichergestellt, dass keiner zurückfällt und alle im Notfall fliehen oder sich verteidigen können. Das »Gähnvirus« hat sich also möglicherweise entwickelt, damit eine Gruppe zusammenbleibt und immer ausgeruht ist. Beides dient dazu, dass jeder in dieser Gruppe sicher ist.

Gibt es noch andere solche Zeichen in Gruppen?
Grinsen, Lachen, Stirnrunzeln und Weinen können auch ansteckend sein, aber auch wieder nur bei Schimpansen oder Menschen ab einem gewissen Alter. Grinsen und Lachen könnten zum Beispiel den anderen in der Gruppe zeigen »Ich bin glücklich« oder »Mir geht es gut – macht euch keine Sorgen um mich«. Auf der anderen Seite könnten Stirnrunzeln und Weinen der Gruppe signalisieren: »Ich bin nicht glücklich« oder »Ich brauche etwas Aufmerksamkeit«.

Machen Menschen und Schimpansen sich dann auch gegenseitig nach?
Tja. Was hast du das letzte Mal gemacht, als du einen lachenden Schimpansen gesehen hast?

Was würde passieren, wenn du zur selben Zeit niesen und pupsen würdest?

Da das Niesen und ein Pups aus getrennten Quellen stammen, können Menschen gleichzeitig niesen und pupsen (und tun das auch). Das bewahrt uns vor dem schrecklichen Albtraum einer »Nies-Pups-Implosion«.

Wozu ist niesen eigentlich gut?
Wenn du niest, bläst du mit schnellem Stoß Luft aus deiner Lunge nach draußen. Damit feuerst du Dinge heraus, die deine Atemwege behindern oder dich anstecken wollen, wie zum Beispiel Staub oder Bakterien.

Aber das Niesen kommt doch aus dem Hals, oder? So fühlt es sich jedenfalls an . . .
Es kommt mit großem Druck *durch* deinen Hals, deswegen spürst du es dort so stark. Aber eigentlich beginnt es in deiner Lunge. Der plötzliche Luftstrom, der mehr als 150 km/h schnell sein kann, wird durch das schnelle Zusammenziehen der Muskeln in deinem Hals und an deinen Rippen und einer Entspannung deines Zwerchfells (eine Muskelschicht, die unter deiner Lunge liegt) ausgelöst. Das verengt deinen Hals und presst gleichzeitig so viel Luft durch ihn hindurch, dass der Schleim herausgeblasen wird, der in Hals, Mund und Nase sitzen kann.

Aber wie kam denn der Schleim dort überhaupt hin?
Den hast du absichtlich produziert. Oder besser – dein Körper hat das getan, um Bakterien, Staub, Pollen und andere Dinge, die du eingeatmet hast, einzufangen. So können sie nicht in deine Lunge gelangen, wo sie deine Atmung behindern und die

Lunge infizieren oder beschädigen würden. Der Schleim (oder Rotz) wird von besonderen Zellen hergestellt, die deine Luftröhre und deinen Hals bedecken, man nennt sie Becherzellen. Sie sondern eine klebrige Masse ab, die die üblen Bazillen überzieht und der ganze Klumpen wird von Millionen beweglicher Härchen nach oben geschoben. Die Härchen wachsen auch in deiner Kehle (es sei denn, du bist dumm genug, sie durch Rauchen zu verbrennen) und funktionieren wie ein Fließband: Sie transportieren die Schleimklumpen nach oben bis in deine Nase und den Mund, wo du sie schlucken oder ausspucken kannst. Niesen ist ein Reflex, damit der Schleim schnell entfernt wird, wenn er anfängt, deine Atmung zu behindern.

Ich hab gehört, dass man nicht mit offenen Augen niesen kann. Stimmt das?

Ja! Versuch es einfach mal, es geht nicht. Deine Augen schließen sich als Reflex (also automatisch), sobald sich deine Gesichtsmuskulatur zum Niesen anspannt. Aber gleichzeitig schützt dich das auch davor, dass die Bakterien und Viren wieder in deinen Körper gelangen können. Denn wenn du niest, verteilt sich der Schleim in Millionen von kleinen Tröpfchen in der Luft (man nennt das ein *Aerosol*). In jedem Tröpfchen sitzen immer noch die Bakterien und Viren, die du loswerden willst. Deine Augenlider schließen sich, damit die Tröpfchen nicht in deine Augen spritzen. Du solltest also deinen Mund bedecken, wenn du niest oder hustest, damit auch kein anderer deine Tröpfchen abbekommt.

Ah. Aber warte mal: Angenommen man niest und pupst gleichzeitig, dann kommt doch oben und unten gleichzeitig Luft raus ... warum bricht man dann nicht in der Mitte zusammen?

Weil Niesen und Pupsen aus verschiedenen Röhren kommen und immer noch genug Luft in dir bleibt – selbst wenn du es gleichzeitig tust. Pupse kommen aus deinem Verdauungstrakt, der von deinem Mund über den Magen und den Darm bis zum Po führt. Niesen ist mit deinem Atmungsapparat verbunden, der von Mund und Nase bis zu deinen Lungen reicht - entlang der Speiseröhre in deinem Hals. Die Röhren, die Luft und Nahrung in deinen Körper bringen, sind also voneinander getrennt. Gleichzeitiges Niesen und Pupsen ist folglich ziemlich ungefährlich.

Was ist mit Rülps-Pupsen?
Auch ungefährlich. Genauso auch Sprech-Pupsen, wenn wir schon beim Thema sind. Das kann übrigens ziemlich nützlich sein, wenn du das Geräusch von deinem Pups übertönen willst und die Schuld für den Gestank einfach dem nächsten Haustier gibst.

Hihi. Das muss ich probieren.
Tu einfach so, als wärst du ganz überrascht, und sorge dafür, dass die Katze oder der Hund in der Nähe ist, bevor du einen fliegen lässt!

Warum ist einem bei einer Erkältung meistens heiß – und nicht kalt?

Weil dein Körper absichtlich die Temperatur hochdreht, um die Bazillen zu bekämpfen. Denn nicht das kalte Wetter, sondern ein Virus löst die Erkältung aus.

Aber bekommt man eine Erkältung nicht deswegen, weil man sich »erkältet«? Also weil einem zu kalt wird?
Nee, eigentlich nicht. Überleg doch mal, wie viele Leute im Sommer mit einer Erkältung kämpfen. Oder wie oft dir im Winter kalt ist, ohne dass du krank wirst.

Aber im Winter ist man doch öfter erkältet als im Sommer.
Man »erkältet« sich, wenn einerseits die Körpertemperatur zu stark absinkt und man andererseits Wassertröpfchen einatmet oder schluckt, die bestimmte Viren enthalten. Wenn du im Winter nicht warm genug eingepackt bist, sinkt deine Körpertemperatur stark ab. Dadurch kannst du dich schlechter gegen eine Infektion wehren, aber es müssen erst noch ein paar Viren dazukommen, bevor du krank wirst.

Und woher kommen die Viren?
Von anderen Leuten. Wenn es draußen kalt ist, sind die Menschen öfter mit anderen Menschen zusammen in geschlossenen Räumen als im Sommer. Die Viren haben also beste Chancen, wenn jemand niest, hustet oder einfach nur ausatmet, in kleinen Wassertröpfchen von einem zum anderen zu hüpfen. Wenn man so ein Tröpfchen mal eingeatmet hat, setzen sich die Bazillen auf den Schleimhäuten in deiner Nase, im Hals oder in der Lunge fest und fangen an, sich zu vermehren. Dein

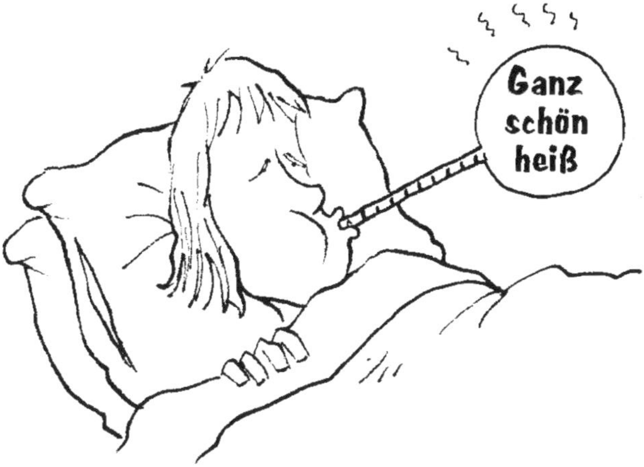

Abwehrsystem kann sich normalerweise gegen sie wehren und du bist höchstens ein bis zwei Tage ein bisschen müde oder verschnupft.* Aber es gibt ein paar fiese Viren (besonders die, die es bis in deine Lunge schaffen), die dich wochenlang angreifen und sehr krank machen können.

Warum hilft es, wenn der Körper heiß wird?

Dass der Körper heißer wird und du Fieber bekommst, ist eine natürliche Reaktion auf die Infektion. Die Bakterien oder Viren, die uns krank machen, haben sich im Laufe von Millionen von Jahren so entwickelt, dass sie am besten bei einer Körpertemperatur von etwa 37°C arbeiten können – unserer normalen Körpertemperatur. Die Proteine, die sie verwenden, um von sich selbst Kopien zu machen, arbeiten nur bei dieser Temperatur. Wenn du jetzt die Temperatur nur um etwa ein oder zwei Grad aufdrehst, zerbrechen die Proteine und die Bakterien oder Viren können sich nicht mehr vermehren und sterben.

* Wie Schleim oder Rotz entsteht, findest du in »Was würde passieren, wenn du zur selben Zeit niesen und pupsen würdest?« (Seite 169).

Also ist Fieber gesund?

Na ja, es ist normalerweise ein Zeichen für eine Infektion durch Viren oder Bakterien und dafür, dass dein Körper sich gegen sie wehrt. Normalerweise solltest du das Fieber also gewähren lassen und dich nicht mit nassen Handtüchern oder Kühlpacks abkühlen. Gefährlich wird es nur dann, wenn das Fieber zu lange anhält oder so hoch wird, dass deine *eigenen* Proteine aufhören zu arbeiten. Das passiert bei Körpertemperaturen von 40°C oder mehr, zum Beispiel bei einer Lungenentzündung. Aber bei normalen Erkältungen kommt es eigentlich nicht so weit.

Wenn einem bei einer Erkältung meistens heiß wird, warum nennt man sie dann Erkältung?

Das kommt wahrscheinlich daher, dass die Menschen sie früher meistens mit kaltem Wetter in Verbindung gebracht haben. Außerdem kannst du ja schlecht zu jemandem sagen, dass du eine »Erhitzung« hast oder »heiß« bist – er denkt sonst noch, du stehst auf ihn oder sie!

Wenn wir uns tatsächlich aus den Schimpansen und Gorillas entwickelt haben, warum gibt es dann immer noch Schimpansen und Gorillas?

Zum einen haben wir uns nicht aus Schimpansen und Gorillas entwickelt – wir haben nur gemeinsame Urururgroßeltern. Und außerdem geht es Schimpansen und Gorillas bestens, so wie sie sind (zumindest zum jetzigen Zeitpunkt). Warum sollten sie sich also weiterentwickeln?

Aber ich bin sicher, ich hab so was in einem Buch gesehen – da war zuerst ein Schimpanse abgebildet, dann ein Steinzeitmensch und dann ein Mann mit Bart . . .
Tut mir leid, das lief leider nicht ganz so ab. Es gibt viele Bücher, die solche Bilder zur Evolution zeigen. Als hätten wir ein Rennen veranstaltet, das die Menschen gewonnen haben. Oder als wären alle eine Leiter hochgeklettert und der Mensch ist am höchsten gekommen. Aber so war es überhaupt nicht.

Warum nicht?
Wenn die Evolution ein Rennen ist, dann wären nicht wir die Gewinner. Und wenn man sie sich als Leiter vorstellt, dann teilen wir uns den Platz an der Spitze heute mit Schimpansen und Gorillas. Wir haben alle gemeinsame Vorfahren, aber wir Menschen haben die Schimpansen und Gorillas nicht *ersetzt*. Es ist in Wirklichkeit so, dass wir uns parallel mit ihnen entwickelt haben.

Häh? Ich check's nicht.
Pass auf: Stell dir eine Schlange von Leuten vor, die eine Polonaise machen – du weißt schon – jeder legt seine Hände auf die Schultern vom Vordermann, gaaaaanz lustig . . . Stell dir vor, du stehst ganz vorne. Hinter dir steht dein Vater. Dahinter steht *sein* Vater (also dein Großvater), hinter ihm steht wiederum dessen Vater und so weiter.

Okay . . .
Wenn du die Schlange zurückverfolgen könntest, würdest du all deine Vorfahren sehen, bis du irgendwann zum Steinzeitmenschen und zu den frühen Menschen, wie *Homo erectus, Homo habilis* und anderen, kämst. Sie wären ein bisschen kleiner und haariger als dein Vater und dein Großvater und sie hätten eine wulstigere Gesichtsform – aber so ganz anders sähen sie nicht aus. Irgendwo hinter *ihnen* wäre einer, der ein wenig aussieht wie ein Schimpanse. Er wäre klein, haarig und würde auf beiden Füßen und den Knöcheln seiner Hände laufen (wenn er nicht gerade die Hände für die Polonaise brauchen würde . . .).

Was glaubst du: Wie lang wäre diese Schlange von dir bis zu dieser affenähnlichen Gestalt?

Keine Ahnung. Tausende von Kilometern? Millionen?
Nur etwa 500 Kilometer.

Ohne Witz?
Jau, es lägen nur etwa 500 Kilometer zwischen dir und dem Vorfahren, den wir mit den Schimpansen teilen. Aber dieser tierische Vorfahr war damals noch kein Schimpanse. Wenn er eine zweite Polonaise anfangen würde und sich an seinem zweiten Sohn festhalten würde, dann würde diese Schlange beim heutigen Schimpansen enden. Angenommen diese bei-

den Polonaisen stellen sich jetzt nebeneinander auf, sodass du sie vom Ursprung bis zum Ende entlangspazieren kannst, dann würden die Tänzer, die nebeneinanderstehen, immer unterschiedlicher aussehen, je näher du der heutigen Zeit kommst. Bis du irgendwann wieder bei deinem Vater ankommst, der neben einem Schimpansen steht, beide jeweils ganz an der Spitze der zwei Schlangen.

Evolution ist also eher wie zwei Leitern nebeneinander?
Eher wie Tausende von Leitern – eine für jede Spezies, die heute lebt. Aber da sich alle am Anfang treffen (mit einem gemeinsamen Vorfahren), kann man sich die Evolution besser als eine Art riesigen Baum vorstellen. Die ersten Lebewesen stehen sozusagen am Stamm und dann gibt es Tausende von Ästen und Verzweigungen, die bei den heutigen Lebewesen enden.

Oder du denkst an einen großen Fluss, der sich in Tausende von kleineren Strömen und Bächen verzweigt. Bei diesem Bild kannst du dir dann auch Ströme vorstellen, die am Ende versiegen – das wäre dann der vom Tyrannosaurus Rex oder vom Dodo. Und andere fließen weiter bis in die Gegenwart und in die Zukunft.

Es gibt also immer noch Schimpansen und Gorillas, weil ...

... weil sie, wir und all die anderen lebenden Spezies die Prüfungen der Zeit überlebt haben. Und Tyrannosaurus Rex und Dodo haben sie eben nicht überlebt.

Schade!

Ja, stimmt. Aber ich schätze, es wären heutzutage nicht so viele Leute unterwegs, wenn die Welt voll von Riesenechsen wäre.

Warum ist bei manchen Leuten der Bauchnabel nach innen gewölbt und bei andern nach außen?

Weil der Bauchnabel eigentlich eine Narbe ist, die beim Abschneiden der Nabelschnur entsteht. Je nachdem wie diese Narbe heilt, ist der Bauchnabel nach innen oder nach außen gewölbt.

Wozu ist denn die Nabelschnur da?

Nach deiner Geburt brauchst du sie nicht mehr, aber solange du im Bauch deiner Mutter bist, ist sie eine lebenswichtige Verbindung zu ihr. Ein *Fötus* (also ein ungeborenes Baby) kann weder essen noch trinken oder atmen. In der Nabelschnur gibt es ein Blutgefäß, über das Nährstoffe und Sauerstoff aus dem Blutkreislauf der Mutter zum Baby geschickt werden.

Sie verbindet einen also mit der Mutter?

Ja, aber nicht direkt. Sie verbindet einen mit der Plazenta. Das ist eine Art Tasche aus vielen verästelten Adern, die direkt neben dem Fötus liegt. Man kann die Plazenta mit zwei Bäumen vergleichen, deren Äste sich miteinander verzweigen. Ein Baumstamm führt zum Blutkreislauf der Mutter hin und auch wieder zurück. Der andere Stamm ist die Nabelschnur, die zum Baby hin führt und auch wieder zurück. Beide Stämme verzweigen sich zu vielen Ästen, die in der Mitte ineinandergreifen und sich überlappen und so ein Gewirr kleiner Blutgefäße bilden – die Plazenta. Die Nährstoffe und der Sauerstoff können durch die Wände dieser Blutgefäße hindurchdringen, aber die Blutkreisläufe von Baby und Mutter bleiben getrennt.

Und was passiert, wenn man geboren wird?
Bei der Geburt kommst zuerst du heraus und dann die Plazenta. Innerhalb der ersten paar Sekunden fängst du an, deine Lunge zu benutzen und zu atmen, und kurz darauf trinkst du die Muttermilch und bekommst so deine Nährstoffe. Die Nabelschnur brauchst du also nicht mehr. Sie wird darum an zwei Stellen abgebunden und dann durchtrennt (Tiere beißen die Nabelschnur durch). Der Nabelschnurrest verschrumpelt und fällt nach ein paar Tagen ab. Alles, was man dann noch sieht, ist eine Narbe am Bauch, da, wo früher die Nabelschnur saß. Die Narbe kann sich entweder außen oder innen im Bauch bilden – und das ist dein Nabel.

Aber wenn es eine Narbe ist, kann sie doch einfach wieder zusammenwachsen!
Tut sie auch, sie heilt nur nicht ganz glatt. Wenn nicht genügend Nabelschnur außerhalb der Haut übrig ist (und das ist oft der Fall), wird die verbleibende Schnur einfach unter die Hautoberfläche gezogen und verwächst mit der Wand der Bauchhöhle. In der Bauchhöhle sitzen deine Verdauungsorgane, die Nieren und viele andere Organe.

Und wie tief geht die Narbe?
Die Narbe ist durch ein paar Hautschichten von der Bauchhöhle getrennt, ein Bauchnabel, der nach innen geht, reicht also nur ein paar Zentimeter tief. Aber hinter dieser Wand sind die Reste der Nabelvene, sie führen zu deiner Leber. Auch diese Vene schließt sich kurz nach deiner Geburt und schrumpft zu einer dünnen Faser zusammen.

Warum haben andere Tiere keinen Bauchnabel?
Die meisten Säugetiere haben einen! Zum Beispiel Katzen, Hunde, Affen, Delfine und Wale. Man sieht ihn nur nicht so

gut wie bei uns, weil er meistens mit Fell bedeckt oder sonst wie versteckt ist.

Alles klar. Die große Frage ist aber: Woher kommen die Krümel im Bauchnabel?
Von deinen Klamotten. Diese Krümel oder Fussel bilden sich aus kleinen Stofffasern deiner Kleidung, die im Bauchnabel hängen bleiben. Dort sammeln sie sich zu kleinen Klumpen.

Interessanterweise haben Jungs mehr Krümel als Mädchen (sie haben mehr Haare um den Bauchnabel, da bleibt mehr hängen) und sie haben auch eine andere Farbe. Die Bauchnabelkrümel bei Jungen sind meistens blau, schwarz oder braun, während die von Mädchen eher weiß, gelb, lila oder pink sind! Und zwar deshalb, weil Mädchen meistens mehr unterschiedliche Farben tragen als Jungen.

Ah, okay. Und wenn du deinen Bauchnabel aufschraubst, dann fällt dein Popo ab?
Nein, das ist totaler Quatsch!

Tschuldigung. Da muss ich wohl was verwechselt haben . . .

Sind Menschen mit großen Köpfen schlauer?

Nein. Sie haben einfach nur größere Köpfe. Nicht mal ein größeres Gehirn bedeutet, dass jemand schlauer ist, denn manche Steinzeitmenschen hatten größere Gehirne als wir heute. Es kommt einzig und allein darauf an, wie du dein Hirn benutzt.

Aber wenn man einen großen Kopf hat, dann hat man auch ein großes Gehirn, oder?
Nein, nicht unbedingt. Es hängt vor allem davon ab, wie sich deine Schädelknochen entwickeln, während du wächst. Das bedeutet aber nicht, dass dein Kopf randvoll mit grauen Zellen gefüllt ist. Dein Gehirn ist um einiges kleiner als dein Schädel. Es liegt in verschiedenen Schichten einer Flüssigkeit und verschiedenen Häutchen, die man Hirnhäute nennt. Die sind unterschiedlich dick.

Man könnte also einen großen Kopf, ganz viel Flüssigkeit und ein eher kleines Gehirn haben.

Okay, aber nehmen wir mal an, jemand hat ein größeres Gehirn. Das muss doch heißen, dass er auch schlauer ist, oder? Wir haben zum Beispiel ein größeres Gehirn als viele Tiere – und wir sind schlauer als sie . . .
Na ja, Menschen haben ein ziemlich großes Gehirn im Vergleich zur Größe ihres Körpers, das stimmt schon. Und es ist auch richtig, dass Tiere mit größerem Hirn (so wie Hunde oder Delfine) meistens intelligenter sind als, sagen wir, Mäuse oder Insekten, die nur ein winziges Hirn haben.

Na siehst du, dann liege ich doch richtig! Ein größeres Gehirn ist besser!
Nicht ganz.

Warum nicht?
Weil es jede Menge Ausnahmen von dieser Regel gibt. Wale und Elefanten haben beispielsweise ein sechsmal größeres Gehirn als wir. Und zwar deshalb, weil ein größeres Gehirn immer Hand in Hand mit einem größeren Körper geht. Die Tiere brauchen es für die Kontrolle und Bewegung ihres großen Körpers (also nicht unbedingt für Walphilosophie und Elefantenschach). Deswegen hatte vermutlich der Neandertaler, ein Verwandter des Urmenschen, auch ein größeres Gehirn als wir. Und der war sicher nicht unbedingt klüger als wir.

Wenn das Gehirn so einfach wie ein Muskel funktionieren würde, dann wäre »größer« auch »besser« – so wie eben große Muskeln meistens auch stärker sind. Aber das Gehirn ist unglaublich kompliziert. Wir verstehen längst noch nicht genau, wie es arbeitet. Aber so viel wissen wir: Ein großes Gehirn bedeutet nicht unbedingt, dass jemand klüger ist.

Aber warum denn nicht?
Weil Klugheit und Intelligenz eher davon abhängen, wie gut das Gehirn verknüpft ist, und nicht so sehr von der reinen Größe. Ein durchschnittliches Hirn wiegt etwa 1,5 Kilogramm, so viel wie ein Bund Bananen, und es enthält etwa 100 Milliarden Nervenzellen, die man *Neuronen* nennt. Diese Neuronen sitzen in Gruppen zusammen in bestimmten Regionen des Gehirns. Einige empfangen Informationen aus dem Körper, während andere Informationen an den Körper senden. Eine dritte Sorte von Neuronen ist miteinander und mit den anderen beiden Neuronenarten verbunden. Und genau diese Verbindungen führen dazu, dass wir so kompli-

zierte Dinge wie Erinnern, logisches Denken und intelligentes Nachdenken beherrschen.

Besonders die Neuronen einer speziellen Stelle im Hirn, der sogenannten Großhirnrinde, scheinen uns zur Intelligenz zu verhelfen. Die Großhirnrinde macht uns erst klug. Menschen und andere kluge Tiere sind nicht einfach nur schlau, weil ihr Gehirn größer ist, sondern weil ihre Großhirnrinde besser entwickelt ist. Aber selbst diese super Ausrüstung hilft dir nichts, wenn du sie nicht benutzt.

Was soll das denn heißen?
Intelligenz ist einerseits etwas, das dir von Geburt an mitgegeben ist. Aber andererseits kannst du Intelligenz auch lernen. Dein Gehirn bleibt nicht immer gleich. Jedes Mal, wenn du etwas Neues lernst, verändert sich dein Gehirn und es entstehen neue Verbindungen zwischen den Neuronen. Deshalb werden Kinder jeden Tag schlauer, einfach weil sie ihr Gehirn *benutzen*, um die Welt um sich herum zu verstehen. Auch Erwachsene können ihr Leben lang weiterlernen. Wie klug sie werden, hängt sehr davon ab, wie sehr sie versuchen, Neues zu lernen.

Ich könnte also eines Tages ein Genie werden?
Auf jeden Fall! Einfach dranbleiben . . .

Warum laufen wir auf zwei Beinen (und nicht auf vier)?

Um ehrlich zu sein – wir wissen nicht genau, warum das so ist. Vermutlich haben unsere Vorfahren mit dieser Angewohnheit angefangen, um Nahrung zu sammeln, sich zu verteidigen oder vielleicht sogar, um durch Flüsse waten zu können!

Wir wissen nicht, warum das so ist?
Tja, es gibt jede Menge Theorien, wieso wir auf zwei Beinen laufen, aber bisher ist keine als die einzig richtige Antwort anerkannt worden.

Ich hab mal gehört, wir laufen auf zwei Beinen, damit wir Werkzeuge benutzen und Lasten tragen können.
Siehst du, das ist es – das ist schon das erste Problem.

Was?
Also, es ist sicher einfacher, ein Werkzeug zu halten, wenn du auf zwei Beinen stehst. Und wer auf zwei Beinen läuft – nicht auf vier – hat logischerweise die Hände frei, um etwas zu tragen . . .

Sag ich doch. Wo liegt das Problem?
Das Ding ist: Wir erklären hier zwar die *Vorteile* des aufrechten Gangs, aber so funktioniert die Evolution nicht. Ein Tier kann nicht in die Zukunft sehen und sich überlegen: Ah, ich sollte besser auf zwei Beinen gehen! Dann hätte ich beide Hände frei, um Werkzeug zu benutzen, Speere, ein Mobiltelefon, die PlayStation und . . .

Okay, okay, ich verstehe, was du meinst.

Gut. Du kannst dich nicht mit Absicht weiterentwickeln. Nachdem unsere Vorfahren die aufrechte Haltung erst einmal entwickelt hatten, fanden sie heraus, dass sie damit viel mehr Möglichkeiten hatten – wie zum Beispiel Werkzeuge benutzen oder Waffen. Aber es muss davor einen Grund gegeben haben, damit sie sich aufrichteten. Und zwar einen überlebenswichtigen Grund. So wichtig, dass am Ende die, die aufrecht gingen, bessere Überlebenschancen und mehr Nachwuchs hatten als die Übrigen. *So* funktioniert Evolution: Indem die Schlechten aussortiert werden (und nicht, indem die Guten besser werden).

Und was war dieser wichtige Grund?

Wie gesagt, es gibt viele Theorien dazu und niemand weiß, wie es wirklich war. Die älteste Erklärung ist »Damit sie Werkzeuge und Waffen benutzen konnten«, aber viele Leute bezweifeln, dass das wirklich der Auslöser für den aufrechten Gang war. Die nächste Theorie besagt »Damit sie Essen umhertragen konnten«. Aber auch das wird von den meisten Leuten infrage gestellt, denn Schimpansen, Gorillas und andere Affen schaffen das auch, ohne auf zwei Beinen zu gehen: Sie halten das Fressen in einem Arm und laufen auf den restlichen drei Gliedmaßen.

Danach vermutete man, dass wir uns aufgerichtet haben, um eine bessere Sicht zu bekommen. Da man annahm, dass unsere Vorfahren sich in Afrika* entwickelt haben, und es in Afrika riesige Grasflächen gibt *(Savannen),* hätte der aufrechte Gang uns sehr geholfen: Unsere Köpfe hätten aus dem dichten Gras herausgeragt und wir hätten so unsere Artgenossen oder gefährliche Tiere viel früher entdeckt.

Das klingt doch logisch . . .

Ja, schon. Bis du feststellst, dass Afrika nicht immer trocken und von dichten Gräsern bedeckt war. Als unsere Vorfahren begannen, auf zwei Beinen zu gehen, war Afrika nämlich noch viel feuchter und von Wäldern, Seen und Flüssen bedeckt. Das wiederum führte zu einer anderen Erklärung: Vielleicht fingen wir ja nicht an, aufrecht zu *gehen,* sondern aufrecht zu *waten.* Und erst später gingen wir dann auch an Land auf zwei Beinen.

Was?!

Doch, im Ernst. Schimpansen – unsere engsten Verwandten im Tierreich – gehen auch manchmal aufrecht. Aber wenn sie an Land sind, tun sie das nur ganz selten (in etwa 6% der Zeit). Sobald du sie aber an einen Fluss oder ein Schwimmbecken setzt, in die sie hineingehen sollen, richten sie sich hundertprozentig immer auf und waten auf zwei Beinen ins Wasser. Man kann sich leicht vorstellen, dass diese Angewohnheit unseren Vorfahren das Überleben erleichterte. Sie mussten sicher oft Flüsse und Bäche durchqueren, um vor ihren Feinden zu fliehen oder neue Nahrungsquellen zu entdecken.

---

* Mehr über unsere afrikanischen Wurzeln erfährst du in »Warum sehen Menschen so unterschiedlich aus – je nachdem aus welchem Land sie kommen?« (Seite 189).

Aber das hätten sie doch auch auf allen vieren geschafft.
Nein, eher nicht. »Auf allen vieren waten« könnte man vereinfacht auch »ertrinken« nennen, denn normalerweise bist du dabei mit Nase und Mund unter Wasser! Das heißt, es überlebten nur diejenigen, die aufrecht auf zwei Beinen durchs Wasser waten konnten. Nach und nach veränderten sich dann Hüfte und Rückgrat so, dass diese Haltung unterstützt wurde. Irgendwann gingen sie dann nur noch aufrecht - auch an Land. Und dann kamen all die anderen Vorteile zum Einsatz, nämlich Essen tragen, Werkzeuge und Waffen benutzen.

Wir sind also eine Horde komischer, watender Affen?
Ja, so kann man es sagen . . .

Warum sehen Menschen so unterschiedlich aus – je nachdem aus welchem Land sie kommen?

Eigentlich, muss man sagen, sehen sich Menschen aus verschiedenen Ländern doch ziemlich ähnlich. Die wenigen Unterschiede – wie Hautfarbe und Augenschnitt – rühren von den verschiedenen Gegenden her, in denen unsere Vorfahren lebten oder in die sie sich von Afrika aus bewegten.

Ich finde schon, dass die Menschen überall auf der Welt anders aussehen. Und je weiter entfernt sie voneinander leben, desto unterschiedlicher sehen sie doch aus, oder?
Ja, vielleicht manchmal. Es stimmt natürlich, dass Chinesen und Koreaner sich mehr ähneln als zum Beispiel Chinesen und Afrikaner. Aber der Unterschied rührt nicht von ihrem Wohnort her.

Wie meinst du das?
Überleg dir mal Folgendes: Angenommen ich stelle drei durchschnittlich aussehende weißhäutige Kinder nebeneinander auf – ein amerikanisches, ein australisches und ein südafrikanisches Kind. Weiterhin angenommen, sie dürften nicht sprechen – könntest du mir auf Anhieb sagen, welches Kind woher kommt?

Hmm, wahrscheinlich nicht.
Richtig. Aber trotzdem stammen sie aus drei verschiedenen Kontinenten.

Ja, aber das ist geschummelt. Sie sehen womöglich ähnlich aus, weil ihre Vorfahren vielleicht alle aus demselben europäischen Land stammen.
Okay. Es kommt also nicht darauf an, wo du *lebst*, sondern *wo deine Vorfahren herkommen*, damit du anders aussiehst. Diese drei Kinder könnten vielleicht alle ähnlich aussehen, weil ihre Vorfahren ganz durchschnittlich aussehende weiße Europäer waren.

Also gut, dann anders: Warum sehen weiße Europäer, Chinesen und Afrikaner so verschieden aus?
Aaaah, jetzt wird es interessant. Gute Frage. Die kurze Antwort ist: Ihre Vorfahren stammen alle aus Afrika und sahen aus wie Afrikaner. Aber nachdem sie sich in Gruppen über die ganze Welt verteilten, veränderten die Nachfahren der Chinesen und Europäer ganz allmählich ihr Aussehen, weil sie sich an ihr neues Zuhause anpassten.

Das kapier ich nicht.
Also, der einzige wirkliche Unterschied zwischen (weißen) Europäern und (dunkelhäutigen) Afrikanern ist ihre Hautfarbe. Vor vielen Jahren erklärten europäische weißhäutige Wissenschaftler das noch so, dass auch die Afrikaner eigentlich weißhäutig gewesen seien (wie sie selbst), aber von der Sonne gebräunt wurden. Aber sie lagen komplett falsch, es war nämlich genau andersherum: Tatsächlich waren diese Wissenschaftler (oder genauer gesagt ihre Vorfahren) früher selbst dunkelhäutig gewesen und wurden nach und nach heller, nachdem sie ihre Heimat Afrika Richtung Norden verlassen hatten. Das wiederum liegt an bestimmten Vitaminen.

Was? Die Dinger, die man braucht, um gesund zu bleiben?
Ja, so ähnlich. Dein Körper braucht Vitamine, um gesund zu

bleiben. Normalerweise bekommen wir sie übers Essen (oder heutzutage auch über Pillen). Aber dein Körper kann einige Vitamine auch selbst machen. Deine Haut kann Vitamin D herstellen, das brauchst du für gesunde Knochen und Zähne. Aber dafür braucht sie genügend Sonnenlicht. In sonnigen Gegenden lässt die schwarze Haut genau so viel Sonnenlicht durch, dass die Haut Vitamin D herstellen, aber den Teil der Sonnenstrahlen abhalten kann, die Hautkrebs auslösen. Doch in weniger sonnigen Regionen im Norden (oder im Süden)*, hält dunkle Haut zu viel Sonne ab, sodass nicht genügend Vitamin D entsteht. Die dunkelhäutigen, afrikanischen Vorfahren der weißen Europäer wurden also immer heller, je weiter sie sich aus Afrika Richtung Norden bewegten.

Und was ist dann mit chinesischen und afrikanischen Menschen? Warum sehen sie so verschieden aus?

Die Vorfahren der Chinesen und anderer asiatischer Menschen wurden auch blasser, während sie von Afrika nach Norden (und Osten) zogen – aus demselben Grund. Der einzige weitere sichtbare Unterschied zwischen Afrikanern, Europäern und Asiaten ist die Form ihrer Augen und der Augenlider. Asiaten haben eher mandelförmige Augen und eine zusätzliche Hautfalte an ihren Augenlidern. Man nimmt an, dass diese Verengung der Augen und dieser zusätzliche Schutz sich bei den frühen Siedlern Asiens entwickelten, um die Augen bei Schnee und Wind in Bergen und Ebenen vor dem Erblinden zu bewahren. Einige dieser Menschen gaben diese Merkmale dann an ihre indianischen und Inuit-Nachfahren weiter, die die Landbrücke zwischen Asien und Amerika vor Tausenden von Jahren überquerten.

* Wenn du hier nicht ganz mitkommst, lies: »Wenn die Länder im Süden heißer sind, warum schmilzt dann der Südpol nicht?« (Seite 100).

Das ist alles? Wir sind alle gleich?
Ja.

Und der einzige Grund, warum die Menschen überhaupt verschieden aussehen, ist das Wetter und irgendein Vitamin?
Genau.

Ist doch irgendwie komisch, dass wir das nicht schon früher rausgefunden haben.
Jau. Das stimmt allerdings.

Warum kriegt man Kopfweh, wenn man zu schnell Eis isst?

Weil das kalte Eis deinen Gaumen und den Rachen so stark abkühlt, dass die Nerven dort gereizt werden. Dadurch schließen sich für kurze Zeit ein paar Blutgefäße im Gehirn.

Hilfe! Das klingt gefährlich . . .
Keine Sorge, bei den meisten Menschen dauert der Schmerz nur einige Sekunden an und die Blutgefäße öffnen sich gleich wieder, dann hört der Schmerz auf. Das ist also alles ziemlich harmlos und geht schnell wieder vorbei.

Warum passiert das?
Im Grunde genommen, weil wir nicht dazu gemacht sind, gefrorene Nahrung zu essen. Man kann Eiscreme nur herstellen, indem man die Zutaten (Milch, Sahne, Zucker und Früchte oder Geschmacksstoffe) künstlich runterkühlt, und zwar mithilfe von Tiefkühlschränken oder Chemikalien.

Mit Chemikalien? Ist das denn gesund?
Ja. Und es ist sogar total üblich. Einige der besten Eiscremes der Welt werden so gemacht: Mit flüssigem Stickstoff wird das Eis innerhalb von Sekunden (und nicht Stunden) tiefgefroren. Der Stickstoff wird bei unglaublichen Temperaturen von –196°C aufbewahrt und einfach über die fertige Mischung der Zutaten gegossen. Die Wärme aus den Zutaten wandert in den gekühlten Stickstoff und Milch, Sahne und Zucker gefrieren innerhalb von wenigen Sekunden. Heraus kommt ein leckeres, blitzschnell gemachtes Eis!

Das Eis tut uns also weh, weil es so unnatürlich kalt ist?
Sozusagen. Unser Körper ist auf so etwas nicht eingestellt. Aber solange du das Eis nicht zu schnell isst, passiert nichts. Sobald du etwas Eis im Mund hast, wärmt es sich auf und erreicht deine Körpertemperatur (etwa 37°C), es bleibt also nicht lange so kalt.

Außer du isst eine ganze Kugel auf einmal auf, stimmt's?
Korrekt. Wenn du eine ganze Kugel im Mund hast, wandert die Wärme aus deinem Körper in das Eis, bevor es ganz geschmolzen ist. Wenn dein Gaumen dadurch so viel Wärme verliert, senden die Nerven im Gaumen Warnsignale ans Gehirn und sagen den Blutgefäßen, dass sie sich zusammenziehen sollen. Dadurch verändert sich der Blutdruck im Gehirn und das wiederum kann Kopfschmerzen auslösen, meistens hinter der Stirn oder den Augen.

Und wie kriegt man das wieder weg?
Normalerweise geht der Schmerz innerhalb von 10 Sekunden oder so von selbst wieder weg. Wenn das Eis schmilzt (oder wenn du es schluckst), wärmt sich dein Gaumen wieder auf und Nerven und Blutgefäße entspannen sich wieder. Um das zu beschleunigen, kannst du deine Zunge an den Gaumen legen oder einen Schluck warmes Wasser trinken. Beides hilft, damit sich der Gaumen schnell wieder erwärmt.

Aber das Einfachste ist eigentlich …

Ich weiß! … es erst gar nicht drauf ankommen zu lassen, was?
Bingo! Iss dein Eis (oder trink deine eisgekühlte Limo) einfach ein bisschen langsamer und alles bleibt cool.

Haha, toller Witz.
Nee, im Ernst, keine Sorge vor Eiskopfschmerz, einfach langsam genießen.

Wozu ist die Kruste auf einer Wunde eigentlich da und ist es okay, wenn man sie abmacht?

Die Kruste oder der Wundschorf ist dazu da, Kratzer und Schürfwunden zu verschließen, sodass dein Blut im Körper bleibt und fiese Bakterien draußen. Und auch wenn es vielleicht Spaß macht – den Schorf abzukratzen, ist gefährlich.

Du meinst, wenn man die Wunde wieder aufkratzt, kann man verbluten?
Nein, das eher nicht. Meistens bildet sich Schorf nur über kleinen Wunden, die nicht so stark bluten. Große Schnitte oder Schürfwunden, bei denen man verbluten könnte, müssen normalerweise genäht werden oder es muss sogar Haut transplantiert werden.

Und warum ist das Aufkratzen dann gefährlich?
Weil der Schorf wie ein Pflaster wirkt, das die Wunde verschließt, bis untendrunter die Haut wieder nachgewachsen ist. Er fällt von selbst ab, sobald die Wunde verheilt ist. Wenn du die Kruste vorher abkratzt, kann es sein, dass du die Wunde wieder aufreißt. Im besten Fall bildet sich dann einfach neuer Schorf und die Wunde braucht einfach länger, um zu heilen. Aber die zweite Kruste kann größer sein als die erste und das bedeutet, dass wahrscheinlich eine Narbe zurückbleibt, wenn sie abfällt.

Im schlimmsten Fall entzündet sich die Wunde und dann fangen die Probleme erst an.

Welche Probleme? Was kann schon an einer kleinen Schramme so schlimm sein?

Normalerweise gar nichts. Dein Körper hat ein starkes Abwehrsystem und mit der Blutgerinnung ein kluges Hilfsmittel, damit du nicht zu viel Blut verlierst, falls du dich mal schneidest.

Wenn du dich verletzt, senden die Zellen in der Nähe der Wunde Signale aus und zwei Kettenreaktionen beginnen. Die eine sorgt dafür, dass Abwehrzellen zur Wunde geschickt werden und die Bakterien bekämpfen, die durch die Wunde in den Körper eindringen wollen. Das sind *weiße Blutkörperchen*, die du immer im Blut hast und die auf einen Angriff warten. Eine Art, die *Fresszellen,* können Löcher in die Bakterien stechen oder sie auffressen und mithilfe von Säuren verdauen. Eine andere Sorte, die B-Zellen, stellen besondere Eiweiße her, die man Antikörper nennt. Sie umzingeln die Bakterien und töten sie entweder selbst oder wirken sozusagen als Warnschilder für *Helferzellen,* die in der Nähe sind. Dadurch erkennen die Helferzellen die Eindringlinge und rufen die *Killerzellen* zu Hilfe, die dann die Bakterien töten.

Und warum bildet sich die Kruste?

Der Wundschorf ist das, was bei diesem ganzen Kampf übrig bleibt – die toten Bakterien und Abwehrzellen und ein besonders zähflüssiges Eiweiß, das *Fibrin.* Fibrin ist das Ergebnis der zweiten Kettenreaktion, die zur Blutgerinnung, also zu einem »Blutklümpchen«, führt. Wenn du dich verletzt, verkleben sich besondere Blutzellen *(die Blutplättchen)* und bilden mit anderen Eiweißen ein Blutgerinnsel. Dieses »Klümpchen« besteht aus Fibrin, das sich über die Wunde legt, die Wundränder zusammenzieht und die Öffnung dazwischen abdeckt. Dadurch verlierst du kein Blut mehr und es können keine Bakterien mehr in die Wunde gelangen.

Was passiert, wenn Bakterien in die Wunde kommen?
Das kommt auf die Bakterien an. Manche kann der Körper leicht bekämpfen und die Wunde heilt normal. Andere wiederum, zum Beispiel die Clostridium-Bakterien, die Gasbrand auslösen, können das Abwehrsystem lange genug austricksen, um dem Körper ernsthaft zu schaden. Wenn es schlimm endet, verliert man sogar ein Bein oder einen Arm durch eine infizierte Wunde! Noch schlimmer ist es, wenn die Bakterien in deinem Blutkreislauf zu anderen Organen wie Leber, Herz oder Gehirn gelangen und dort Schaden anrichten. Und das willst du sicher verhindern, oder?

Oh Gott! Ich kratze nie mehr meine Wunden auf!
Wenn du gesund bist und die Wunde sauber hältst, dürfte eigentlich nichts passieren. Aber die Kruste ist nicht ohne Grund da und sie fällt von selbst ab, wenn sie nicht mehr gebraucht wird. Bis dahin bewundere sie einfach ein bisschen und gib damit vor deinen Freunden an . . . aber lass sie in Ruhe!

Fantastische Zukunft

Wie wird das Leben in der Zukunft aussehen?
Werden wir von der Schule oder von der Arbeit nach Hause kommen und 3-D-Filme im Fernsehen anschauen? Werden wir mit unseren Freunden Musik auf MP3-Playern hören oder über Mobiltelefone kommunizieren, die so klein sind, dass sie hinter unser Trommelfell passen?
Vielleicht werden wir auch gar nicht mehr in die Schule und zur Arbeit gehen. Vielleicht werden Roboter die ganze Arbeit für uns übernehmen. Möglicherweise werden auch Menschen nach und nach zu Robotern, weil sie ihre Arme, Beine und andere Organe mit widerstandsfähigeren, stärkeren Roboterteilen ersetzen werden.
Wie werden wir uns fortbewegen? Werden unsere Autos fliegen? Können wir vielleicht Maschinen bauen, die uns von Ort zu Ort teleportieren, ohne dass wir ein Fahrzeug brauchen – oder die uns womöglich sogar durch die Zeit reisen lassen?
Und wie werden wir all diese Hilfsmittel, Maschinen und Roboter antreiben? Werden wir noch genug Elektrizität für all das haben? Und wenn nicht?
Wir können nicht sicher sagen, wie die Zukunft aussehen wird. Aber es scheint so, als seien ein paar Dinge aus der Zukunft schon heute möglich . . .

Werden böse Computer und Roboter die Weltherrschaft übernehmen?

Vielleicht. Aber bis jetzt sind wir von dieser Gefahr noch weit entfernt. Selbst die modernsten Computer und Roboter sind nur harmlose Blechbüchsen, wenn man sie mit dem menschlichen Gehirn und unseren Körpern vergleicht.

Aber Computer und Roboter werden doch immer einflussreicher, oder nicht?
Ja, das stimmt. Während der letzten 50 Jahre hat sich die Technologie sogar so schnell entwickelt, dass Computer ihre Leistung etwa alle 18 Monate verdoppelt haben. Man nennt diese Verdopplungsregel Moores Gesetz, nach dem Computerwissenschaftler Gordon Moore – der zuerst festgestellt hat, dass das geschieht. Auch Roboter haben sich ziemlich schnell verbessert. 1783 wurde die erste mechanische Ente erfunden (die mit ihren Flügeln schlagen konnte, Körner fraß und sie wieder ausschied). Heute gibt es ASIMO (gebaut von Honda) – einen vielseitigen, menschenähnlichen Roboter, der ohne Hilfe auf zwei Beinen gehen, Treppen steigen und menschliche Gesichter und Stimmen wiedererkennen kann.

Also werden sie früher oder später mächtiger sein als wir, stimmt's? Dann ist die Zeit von Terminator gekommen!! Die Roboter werden uns jagen, sie werden riesige Flugobjekte bauen und . . .
Hey, hey, hey . . . immer langsam. Es wäre zwar *möglich*, dass all das passiert, aber es sieht im Moment überhaupt nicht danach aus. Kein Grund zur Panik also.

Warum nicht?
Zunächst einmal, weil Computer sich in Zukunft nicht mehr ganz so schnell entwickeln werden – auch wenn Moores Gesetz das sagt. Es könnte nämlich sein, dass sich Computerentwickler dieses Gesetz als Ziel gesetzt haben, seit es zum ersten Mal bekannt wurde.

Die Computer werden also alle 18 Monate nur deswegen doppelt so gut wie vorher, weil wir versuchen, das zu erreichen?
Bingo! Und es wird vermutlich ein Zeitpunkt kommen, an dem wir dieses Ziel nicht mehr einhalten können. Und selbst wenn die Computer alle 18 Monate doppelt so gut werden wie vorher, heißt das noch nicht, dass wir diese neuen Möglichkeiten auch nutzen werden. Wie wir Computer nutzen, hängt davon ab, wie wir sie programmieren – Computer können nichts tun, was wir ihnen nicht vorher gesagt haben. Und die Programme (oder die »Software«, so wie iTunes oder Internet Explorer) entwickeln sich nicht so schnell wie die Computer, auf denen sie laufen. Vor 50 Jahren dachten Wissenschaftler, es dauere nicht mehr lange, bis Computer gesprochene Sprache verstehen würden und wir nur noch mit ihnen sprechen müssten, damit sie unsere Anweisungen befolgen. Heute können Computer aber immer noch nicht mit gesprochener Sprache umgehen und wir brauchen immer noch die Tastatur.

Es besteht also keine Gefahr, dass ein Computer mit Superhirn uns in nächster Zeit links überholt.

Was ist mit Robotern?
Auch hier gilt: Selbst die modernsten Roboter, wie ASIMO, sind – verglichen mit uns – noch ziemlich ungeschickt und schlicht. ASIMO kann gehen (und sogar joggen) wie wir. Aber falls er sich dir in den Weg stellt, bräuchtest du ihn nur an der Schulter anzustupsen und er würde umfallen und könnte

nicht wieder aufstehen. Heutige Roboter sind also eher mit Toastern verwandt als mit Terminator!

Aber irgendwann könnte es einen geben, der sich so schnell bewegt wie wir oder schneller, stimmt's?

Ja, es wird wahrscheinlich in der Zukunft menschenähnliche Roboter geben (oder *Androiden*), die auch stärker sind als wir. Aber sie wären erst dann gefährlich, wenn sie lernen würden, selbst zu denken. Das Wort Roboter ist vom tschechischen Wort »robota« abgeleitet und das bedeutet »Sklave«. Und genau das sind sie – Sklaven. Wenn irgendwann einmal künstliche Intelligenz geschaffen werden sollte,* haben wir hoffentlich herausgefunden, wie man Roboter mit speziellen Sicherheitsprogrammen oder -schaltungen unter Kontrolle hält. Diese Programme würden die Roboter zwingen, sich an Regeln zu halten, sodass sie einem Menschen nie schaden würden. Der Science-Fiction-Schriftsteller Isaac Asimov (nach dem man übrigens ASIMO benannt hat) hatte vor über 60 Jahren diese Idee der »Robotergesetze« in einer seiner Geschichten. Aber da wir immer noch ein ganzes Stück davon entfernt sind, wirklich intelligente Roboter zu bauen, werden wir diese Sicherheitsschaltungen so bald noch nicht brauchen.

Wir sind also im Moment noch sicher?

Ja, ich denke, die Chancen, dass dich ein Fahrstuhl entführt oder dein iPod dich erwürgt, sind im Moment noch sehr klein.

Argh! Sag doch so was nicht! Da krieg ich ja erst recht Panik!

(Seufz.)

---

* Mehr dazu in »Werden Computer jemals klüger als Menschen sein?« (Seite 204).

Die 3 Robotergesetze von Asimov

Erstes Gesetz: Ein Roboter *darf keinen Menschen verletzen* oder einen Menschen durch Unterlassung einer Handlung zu Schaden kommen lassen.

Zweites Gesetz: Ein Roboter muss *die Befehle, die ein Mensch gibt, befolgen,* außer diese Befehle widersprechen dem ersten Gesetz.

Drittes Gesetz: Ein Roboter muss *seine eigene Existenz beschützen,* solange dieser Schutz nicht dem ersten oder zweiten Gesetz widerspricht.

Werden Computer jemals klüger als Menschen sein?

Das ist schwer zu sagen, aber es hängt vermutlich davon ab, was du mit »klug« meinst. Schon heute können viele Computer schneller und besser »denken« als Menschen, aber nur auf eine sehr eingeschränkte Weise. Im Moment sind Computer aber nach unseren Maßstäben nicht sehr intelligent oder klug. Und in Zukunft – wer weiß?

Aber ich dachte, es gibt Computer, die die Menschen zum Beispiel im Schach schlagen. Heißt das nicht, dass sie schon ziemlich klug sind?
Das stimmt. Ein besonders starker Computer namens Deep Blue schlug den Schachweltmeister Garry Kasparov in einem Spiel im März 1997. Aber das gelang nur, weil ein Sieg im Schachspielen darauf basiert, dass man sich möglichst viele Züge im Voraus vorstellen kann (oder die Ergebnisse dieser Züge), um sich für den besten Zug zu entscheiden. Indem er geballte Computerkraft benutzte, konnte Deep Blue bis zu 12 mögliche Züge vorhersagen. Selbst die allerbesten Schachspieler, so wie Kasparov, können nur bis zu 10 Züge vorhersehen.

Also war der Computer doch klüger?
Nicht ganz. Das Spiel bewies eigentlich nur, dass ein Computer sich mehr Informationen über Schachzüge merken und sie verarbeiten kann als ein menschliches Gehirn. Aber es ist nicht unbedingt ein Maß für »Intelligenz«, ein guter Brettspieler zu sein. Und selbst wenn es das wäre, gibt es andere Spiele,

in denen Computer ziemlich alt aussehen. In dem sehr komplexen japanischen Brettspiel »Go« verlieren die besten Computer sogar schon gegen Anfänger. Dasselbe gilt für so vielschichtige Kartenspiele wie Poker. Computer sind hoffnungslose Pokerspieler, weil sie nicht wie Menschen bluffen oder gar beschummeln können.

Warum nicht?

Weil bei solchen Spielen Berechnungen alleine nichts nützen. Um gut Poker oder Go zu spielen, braucht man Fähigkeiten wie Intuition, Kreativität und auch Einfühlungsvermögen. So simpel solche Spiele auch sind – sie zeigen eben, dass Informationsverarbeitung nicht dasselbe wie Intelligenz ist und dass man selbst den besten Rechner nicht als »klug« bezeichnen kann. Zumindest bis jetzt nicht.

Was macht uns denn so viel besser als die Computer?

Kurz gesagt: unser Gehirn. Das menschliche Gehirn wiegt im Durchschnitt nur 1,5 Kilogramm – etwa so viel wie ein Bund Bananen! – aber es enthält etwa 100 Milliarden *Neuronen* oder *Nervenzellen.* Es »speichert« – um in der Computersprache zu bleiben – etwa 100 Millionen MB (Megabyte) Informationen und kann sie in einer Geschwindigkeit von über 100 Millionen MIPS (Millionen Computer-Instruktionen pro Sekunde) verarbeiten. Es gibt zwar ein paar hypermoderne Computer, die das heute schon schlagen können, die uns in Geschwindigkeit und Gedächtnisleistung weit überlegen sind – doch unsere konkurrenzlose Fähigkeit, komplex zu denken und flexibel zu entscheiden, gibt uns den entscheidenden Vorsprung.

Wir sind noch nicht vollkommen sicher, wie das Gehirn wirklich arbeitet. Aber wir wissen, dass jedes Neuron im Gehirn im Durchschnitt mit etwa 1.000 anderen Neuronen verbunden ist. Und das ergibt über 1 Billiarde Verbindungen! Das ist eine *große* Zahl. Wenn du sie aufschreiben würdest, wäre es eine 1 mit 15 Nullen hintendran. Und genau diese riesige Anzahl an Nervenverbindungen ist es, die unser Gehirn so leistungsstark macht. Dadurch können wir weit über reine Berechnungen hinaus in Bereiche wie Gefühle und Bewusstsein vordringen – oder eigenständig denken.

Erst wenn Computer so weit entwickelt sind, dass sie ein Bewusstsein haben, werden wir wirklich künstliche Intelligenz geschaffen haben. Wenn man sich ansieht, wo wir heute stehen, liegt da noch ein langer Weg vor uns.

Woran werden wir erkennen, dass wir es geschafft haben?
Na ja, zum Beispiel würde dieser Computer den grundlegenden Test bestehen, bei dem bisher alle anderen Computer durchgefallen sind.

Welchen Test?
Den Turing-Test. Er wurde 1950 von Alan Turing entwickelt, einem der Wissenschaftler, der auch an der Konstruktion der ersten modernen Computer beteiligt war. Er sagte, dass der einzig wahre Test für künstliche Intelligenz so aussehe: Wenn ein Mensch (über eine Tastatur und einen Computerbildschirm) mit einer anderen Person und einem Computer sprechen würde und nicht erkennen könnte, welcher von beiden wer ist, dann hätte man einen wirklich intelligenten Computer geschaffen. Bisher hat noch kein einziger Computer diesen Test bestanden.

Das glaubst du vielleicht . . .
Bitte?

402*Error*ungenügender Speicherplatz/640K Grenze überschritten%$^
Arrrgh!!!! Ich habe die ganze Zeit nur mit einem Computer gesprochen?!

Haha. Reingelegt.
Grrrrr.

Könnten sich Sportler verbessern, wenn sie Roboterarme und Roboterbeine hätten?

In manchen Sportarten wie Laufsport oder Sprint: ja. In den meisten anderen Sportarten: nein – eigentlich nicht. Außer – die Sportler würden den Rest ihres Körpers auch ersetzen, aber das wäre ein bisschen unfair. Roboterarme oder -beine wären vielleicht stärker und schneller als echte, aber sie werden immer noch von dem menschlichen Körper gesteuert, mit dem sie verbunden sind.

Warte mal kurz. Roboterarme oder -beine sind stärker als menschliche Arme und Beine, stimmt's?
Manche schon, ja.

Ein Sportler mit Roboterarmen und -beinen würde also definitiv jemanden mit normalem Körper schlagen, stimmt's?
Nicht unbedingt. Wahrscheinlich eher nicht. In den meisten Sportarten wären *Cyborgs* (Menschen mit Körperteilen von Robotern) überhaupt nicht besser als normale Athleten.

Ich kapier's nicht.
Okay – gib mir ein Beispiel. Worin würde dein Cyborg gewinnen?

Fußball. Mit Roboterbeinen könnte er den Schuss so durchziehen, dass ihn kein Keeper halten kann. Oder Tennis. Mit Roboterarmen könnte er hammerharte Aufschläge machen . . .
Aber um diese Spiele zu gewinnen, braucht man auch Reflexe,

Zeitgefühl und Koordination. Und die hängen vom Gehirn ab, nicht nur von Armen und Beinen.

Okay, okay. Aber was ist mit Hochsprung? Da könnte man garantiert mit superfedernden Roboterbeinen gewinnen!
Leider sind Roboterbeine noch schwerer als Beine aus Fleisch und Blut – zumindest die, die wir heute kennen. Also Fehlanzeige. Auch wenn wir in Zukunft superleichte, extrastarke Beine herstellen könnten, würdest du dich damit bei einem Supersprung verletzen. Und zwar einfach, weil die Sprungbewegung nicht nur von den Beinmuskeln abhängt. Du brauchst dazu auch die Muskeln, an denen deine Beine hängen, zum Beispiel deine Hüft- und Rückenmuskulatur. Wenn du mit deinen Roboterbeinen zu stark an ihnen ziehst, könnte dein Becken oder dein Rückgrat brechen.

Na gut. Dann eben Gewichtheber mit Roboterarmen.
Sorry, da gäbe es das gleiche Problem. Gewichtheber benutzen sowohl ihre Armmuskeln als auch die Beinmuskeln. Selbst wenn die Arme megaschwere Gewichte heben könnten, würden dabei die Beine aus Fleisch und Blut zusammenbrechen.

Ahhh!!! Und was wäre dann mit Roboterarmen und -beinen?
Bringt auch nichts, da du ja immer noch den Rumpf in der Mitte hast. Beim Gewichtheben wird das Gewicht von den Armen über die Rückenmuskulatur und das Rückgrat an die Beine weitergegeben. Ein megaschweres Gewicht würde einem also den Rücken brechen (oder zumindest die Muskeln würden reißen), wenn man es anhebt.

Man könnte natürlich den ganzen Körper durch Roboterteile ersetzen. Aber dann ist es ja kein echter Wettkampf mehr, oder? Wenn man das weiterspinnt, hätte man am Schluss statt

Sportlern nur noch Maschinen. Das wäre dann wie beim Autorennen, wo oft die besten Maschinen das Rennen machen – und nicht die besten Fahrer.

Nur noch halb so schön zum Zuschauen.

Buh! Langweilig ... Roboterteile im Sport bringen also nichts?

Tja, es gibt ein paar Sportarten, bei denen künstliche Hightech-Körperteile Vorteile hätten. Sprinten zum Beispiel, hängt eigentlich vor allem von der puren Kraft der Beine und der Schrittlänge der Sprinter ab. In Tests haben Sportler mit körperlichen Behinderungen schon Rekorde gebrochen, indem sie künstliche Beine benutzten. Sie sehen etwas aus wie Kängurubeine und man schnallt sie unterm Knie fest. Sie bestehen aus federndem Material, sodass der Läufer beinah hüpft. Die Kraft, die der Läufer in jeden Schritt legt, wird von der Feder aufgenommen und wieder abgegeben.

Aber nur weil unsere heutigen Roboterteile – meistens sind sie ja menschlichen Körperteilen nachempfunden – im Sport noch nicht zum Einsatz kommen, bedeutet das nicht, dass das immer so bleiben muss. Vielleicht entwickeln wir ja neue Teile, zum Beispiel nach dem Vorbild von Tierbeinen, oder Räder und Kettenantriebe, so wie bei Autos und Panzern! Und vielleicht nützen uns die Roboterteile, die es heute gibt, in anderen wichtigen Bereichen etwas, nicht im Sport.

Wo denn?

Wenn du dir's genau überlegst, leben jetzt bereits Cyborgs unter uns. Elektromechanische Körperteile gibt es schon eine Weile: Hörgeräte, Herzschrittmacher und sogar künstliche Herzen – und viele Leute benutzen sie. Früher waren Hörgeräte Hörrohre, die an einem großen Kasten angebracht waren, der um den Hals hing. Heute können Menschen mit Hörschäden hinter ihrem Trommelfell winzige digitale Implantate tragen.

Genauso untersuchen Wissenschaftler schon winzige Augenimplantate, die mit Videokameras verbunden sind. Es besteht also Hoffnung auf eine Art »künstliches Auge« für Blinde. Es wäre möglich, dass wir alle eines Tages irgendein Cyborg-Körperteil in uns tragen.

Du meinst wie Darth Vader in Krieg der Sterne?
Äh . . . ja, so ähnlich. Aber hoffen wir mal, dass es für uns besser endet als für ihn.

Werden wir uns in der Zukunft nur noch per Teleportation, also durch Materieübertragung, fortbewegen?

Ob du's glaubst oder nicht, Wissenschaftler haben es schon geschafft, ein paar Dinge zu teleportieren, also Materie von einem Ort an einen anderen Ort zu übertragen, ohne sie durch den Raum zu bewegen. Aber im Stil von »Beam mich hoch, Scotty«, so wie in Raumschiff Enterprise, wird uns das nie gelingen . . . Oder wir sind zumindest noch sehr weit davon entfernt.

Was meinst du mit »wir haben es schon geschafft«? Wann? Wo?

1997 gelang es dem österreichischen Physiker Anton Zeilinger und seinem Team, ein Photon (ein Lichtteilchen) quer durch das Labor zu teleportieren. 2004 beamten österreichische Forscher an der Universität Wien Lichtteilchen über eine Strecke von 600 Metern von einem Donau-Ufer zum anderen und gleichzeitig gelang es einer australischen Gruppe, einen ganzen Photonenstrom in Form eines Laserstrahls von einer Seite des Labors auf die andere Seite zu teleportieren.

Echt? Wie haben sie das gemacht?

Sie verwendeten Paare von Kleinstteilchen und verbanden sie durch einen Vorgang, den man »Quantenverschränkung« nennt. Im Prinzip wurden dabei zwei Photonen so »verschränkt«, dass sie die gleiche Information enthielten. Dann wurde eins dieser Photonen durch ein Kabel an eine andere Stelle geschickt. Anschließend verwendeten sie einen Laserstrahl, um die Information in dem einen Photon zu verändern, und diese Veränderung übertrug sich sofort auch auf das andere Photon (sie wurde also »teleportiert«). Grundlage dafür war dieser unheimliche »Verschränkungseffekt«. Dabei wurde das ursprüngliche Photon zerstört und es blieb nur die Kopie übrig. Am Ende gab es also das ursprüngliche Photon nicht mehr und an einem anderen Ort gab es eine exakte Kopie davon. Voilà – ein teleportiertes Kleinstteilchen.

Pah. Das klingt für mich nicht nach echter Teleportation. Es klingt eher nach: »Wir machen eine Kopie und zerstören das Original.« Das ist doch gemogelt, oder?
Na ja, eigentlich ist es doch genau das, was man tut, wenn man etwas teleportiert. Überleg mal: Um etwas von einem Ort zum anderen zu »beamen«, musst du die feste Materie dieses Teils (also eine Büroklammer, eine Person oder sonst irgendetwas) in Information verwandeln. Dann sendest du die Information über ein elektrisches Kabel oder über Radiowellen an ein bestimmtes Ziel. Wenn das Signal empfangen wurde, wird mit der Information eine exakte Kopie am anderen Ende angelegt. Jetzt gibt es das Teil *hier* und *dort*, und um den Vorgang abzuschließen, zerstörst du das Original, damit es nicht mehr *hier* ist. Stattdessen gibt es das Teil nur noch *dort*. Alles klar?

Würde das wirklich so funktionieren?
Theoretisch ja. Aber im Moment scheint das Teleportieren von festen Gegenständen (also nicht nur von Lichtstrahlen) noch sehr unwahrscheinlich zu sein. Inzwischen hat man es 2009 an der Universität von Maryland (USA) zwar immerhin geschafft, ein Atom zu teleportieren. Davon ausgehend könnten wir mit Gruppen von Atomen weitermachen und danach mit ganzen Gegenständen, die aus Atomen bestehen, wie bei-

spielsweise Büroklammern. Andererseits bezweifeln Wissenschaftler, dass wir jemals so weit kommen werden. Sie sagen, der Effekt mit dem Teilchentransport könnte höchstens für neue Computertechniken und Kommunikationsmittel nützlich sein.

Okay, aber wenn wir das mit Gegenständen hinkriegen, würde das dann auch mit Menschen klappen?

Wahrscheinlich nicht. Und zwar aus zwei Gründen. Der erste ist: Der menschliche Körper beinhaltet einfach zu viele Informationen.

Wie meinst du das?

Feste Gegenstände bestehen aus Atomen. Um einen ganzen Gegenstand zu kopieren oder zu teleportieren, müsstest du zuerst alle Informationen über jedes einzelne Atom in diesem Gegenstand herausfinden. Eine typische Büroklammer aus Draht enthält etwa eine Quadrillion (das ist eine Zahl mit 24 Nullen) Eisen- und Kohlenstoffatome. Sie sind in einer einfachen, käfigähnlichen Struktur angeordnet. Der menschliche Körper besteht dagegen aus etwa 7 Quadrilliarden Atomen – das ist eine 7 mit 27 Nullen. Außerdem sind es viel mehr unterschiedliche Arten von Atomen (unter anderem Wasserstoff, Sauerstoff, Calcium, Schwefel), die auf unendlich verschiedene Weisen angeordnet sind. Anders als bei der Büroklammer, wo sich die Strukturen immer wiederholen.

Wenn du dir all das vor Augen führst, siehst du, dass es praktisch unmöglich wäre, alle Informationen zu erfassen. Ein kleiner Fehler und man kommt am Ende mit einem Bein am Kopf wieder raus oder mit Eingeweiden, die draußen statt drinnen hängen. Das ist also der eine Grund, warum Teleportieren von Menschen nicht klappen würde.

Und der andere?
Der andere Grund ist, dass der zweite Teil beim Teleportieren besagt: »Zerstör die alte Ausgabe.« Das bedeutet im Prinzip, dass dich das . . . äh . . . töten würde.

Oh. Das wäre nicht gut.
Nein, eben. Ich denke, du solltest also doch einfach den Bus nehmen.

Werden die Menschen in Zukunft fliegende Autos haben?

Es gibt schon längst fliegende Autos. Aber im Moment sind sie noch zu laut, zu teuer und zu gefährlich. Wenn sie also in Zukunft von vielen Menschen benutzt werden sollen, dann müssten wir sie erst leiser, billiger und viel, viel sicherer machen – und all das wird nicht leicht.

Es gibt schon fliegende Autos? Wie sehen die aus?
Also, es gibt verschiedene Arten. Zum einen gibt es den Typ »Hubschrauber auf Rädern«, dazu gehört zum Beispiel der AirScooter. Man steuert ihn wie ein Fahrrad mit einer Lenkstange. Er kann 2 Stunden lang mit einer Geschwindigkeit von etwa 85 km/h fliegen und bis auf 3.000 Meter Höhe aufsteigen. Wenn dir das noch nicht cool genug ist, gibt es unter den »Hubschraubern auf Rädern« noch den UrbanX. Er erhebt sich mit riesigen, nach unten gerichteten Propellern, die an jeder Seite des futuristischen Cockpits angebracht sind, in die Lüfte. Außerdem steht noch der SkyCar zur Wahl. Er sieht eher wie ein Kampfflugzeug aus und hat vier bewegliche Motoren – zwei auf jeder Seite. Alle dieser drei genannten Modelle können ohne eine Landebahn senkrecht starten und landen.

Abgesehen davon gibt es noch den Typ »verwandelbares Flugauto«. Diese Fahrzeuge sehen im Prinzip aus wie normale Autos, aber sie können zum Flugzeug umfunktioniert werden. Man klappt die Flügel und Heckflossen heraus und die Kraft der Räder wird auf die Propeller und Rotoren übertragen.

Cool! Und warum fährt, äh, ich meine, fliegt kein Mensch so was?
Na ja, zum einen musst du für einen schönen, neuen SkyCar schon eine Million Dollar auf der hohen Kante haben. Die meisten Leute können sich das nicht leisten.

Aber reiche Leute, so wie Beckham und Madonna.
Ja. Aber zum anderen befinden sich die meisten Flugautos noch in der Testphase. Es gab bisher wohl immer Gründe, warum noch keins als so sicher eingestuft worden ist, dass man es als Transportfahrzeug benutzen könnte. Die hubschrauberähnlichen Modelle fallen meistens durch, weil die wirbelnden Rotorblätter als zu gefährlich für den Hausgebrauch eingeschätzt werden. (Ich vermute, man nimmt an, dass früher oder später mal jemand vergisst, sich zu ducken, wenn er einsteigt. Und das könnte ziemlich unangenehm werden!) Andere Modelle sind zu unzuverlässig oder zu gefährlich, um für den Verkehr zugelassen zu werden. Und sogar die, die als sicher genug eingestuft werden, sind zu laut und verursachen zu viel Luftverschmutzung für den Einsatz in und um dicht besiedelte Städte. Im Moment dürfen also nicht mal reiche Promis so ein Ding fliegen.

Werden sie in Zukunft nicht sicherer, billiger, sauberer und leiser gemacht werden?
Wahrscheinlich schon – aber es wäre immer noch schwierig, einfach einzusteigen und eine kleine Spritztour zu machen, da du einen richtigen Pilotenschein brauchst, um damit zu fliegen. Ist ja logisch – ein Auto, das durch die Luft fliegt, ist eigentlich kein Auto mehr – es ist ein Flugzeug. Um ein Flugzeug sicher zu beherrschen, muss man lernen, wie man abhebt, landet und wie man sich in drei Dimensionen bewegt (links/rechts, vorwärts/rückwärts und hoch/runter). Anders

als beim Autofahren, wo man nur zwei Dimensionen hat (und man sich um hoch/runter keine Sorgen machen braucht). Falls du also keinen Plan hast, endest du womöglich beim Abheben in einer Stromleitung oder beim Landen in Nachbars Küche.

Okay, okay. Ich mache also den Pilotenschein. Jetzt kann ich aber eins fliegen?
Könntest du schon ... aber die Chancen stehen gut, dass du über kurz oder lang abstürzen wirst.

Aber warum denn? Ich wäre ein 1-a-Pilot ...
Das kann schon sein, aber du wärst ja nicht allein in der Luft. Es gäbe richtigen Luftverkehr. Nur weil du weißt, wie man das Flugauto steuert, heißt das noch nicht, dass du fein raus bist. Selbst wenn du dich von Flughäfen fernhalten und nur in niedrigen Höhen fliegen würdest, gäbe es immer noch andere Hubschrauber, auf die du aufpassen müsstest. Stell dir einfach mal vor, jeder hätte einen SkyCar oder einen UrbanX. Tausende von ihnen würden gleichzeitig kreuz und quer über den Himmel fliegen wie eine Wolke aus riesigen, metallenen Insekten. Sogar die fähigsten Piloten würden unter solchen Bedingungen schnell einen Unfall bauen.

Buh, Spielverderber. Wir werden also niemals fliegende Autos haben?
Das hab ich nicht gesagt. Wir bräuchten nur erst mal ein Luftverkehrssystem, bevor wir mit ihnen herumfliegen könnten. Und das braucht noch ein bisschen Entwicklungszeit. Ehe wir uns alle in die Lüfte erheben, müssen wir den Luftraum organisieren.

Wie könnte man das machen?
Wir bräuchten ein System von »Flugautobahnen« oder 3-D-Straßen am Himmel. Das wären vermutlich keine richtigen,

sichtbaren Straßen so wie am Boden. Weiße Linien in den Himmel zu zeichnen, wäre ein bisschen knifflig. Stattdessen könnte es virtuelle Tunnel geben, die auf die Frontscheibe des Flugautos oder auf das Visier des Piloten projiziert werden. Vielleicht etwa so wie bei den 3-D-Computeranimationen, mit denen Kampfpiloten trainieren. Der Pilot würde dann diesen virtuellen Straßen am Himmel folgen, eine sichere Route bis zum Ziel fliegen und dem anderen Verkehr ausweichen. Statt als chaotische Blechwolke am Himmel würden die Flugautos dann in geordneten Linien ihre Bahnen ziehen.

Eine andere Möglichkeit wäre, die Kontrolle über das Flugauto einem automatischen Navigationssystem zu übertragen und nur noch mit Autopilot zu fliegen. Die NASA hat übrigens schon begonnen, so ein System zu entwickeln. Es heißt HITS und steht für »Highway in the Sky« (Autobahn am Himmel).

Ohne Witz? Da wäre ja der ganze Spaß weg!

Mmh, ja, ich weiß, was du meinst. Wenn du ein Flugauto hättest, würdest du es natürlich selbst steuern wollen, stimmt's? Aber keine Panik, wenn du wolltest, würde HITS dir die Kontrolle überlassen. Du solltest dann aber ordentlich auf Zack sein ...

Werden wir in Zukunft durch die Zeit reisen können?

Einige Wissenschaftler sagen, dass Zeitreisen unmöglich sind. Andere sagen, es sei möglich, aber nur Reisen in die Zukunft. Wieder andere sagen, man könnte auch in die Vergangenheit reisen, aber nur ein bisschen. Egal wie, bisher haben wir noch keine Zeitreisenden kennengelernt . . .

Warum glauben sie, dass Zeitreisen unmöglich sind?
Na ja, es gibt Theorien, die besagen, dass es möglich ist – so wie Einsteins spezielle Relativitätstheorie –, aber dass wir es aus verschiedenen Gründen nie schaffen werden. Und dann gibt es allgemeine Einwände, die auf Logik und gesundem Menschenverstand beruhen.

Was meinst du damit?
Vor etwa 100 Jahren beschrieb Einstein mit seiner speziellen Relativitätstheorie zum ersten Mal die Verbindung zwischen Raum, Zeit und Lichtgeschwindigkeit.

Diese Theorie erklärt, dass Zeit nichts Konstantes ist – sie kann sich mit Bewegung verändern. Je schneller man sich nämlich bewegt, desto stärker verlangsamt sich die Zeit. Wenn du also eine Reise zu einer fernen Galaxie und wieder zurück unternehmen würdest, und zwar nahezu in Lichtgeschwindigkeit, dann würden für dich nur ein paar Jahre vergehen, während auf der Erde etliche Tausende von Jahren ins Land gehen. Du bist dann also praktisch Tausende von Jahren in die Zukunft der Erde gereist.

Das wäre eine Reise in die Zukunft? Was ist mit Reisen in die Vergangenheit?

Die spezielle Relativitätstheorie besagt außerdem, dass auch das Reisen oder das Senden von Botschaften *in die Vergangenheit* möglich sein könnten – und zwar wenn man *schneller* als Licht reisen könnte. Leider, das sagt die Theorie auch, bräuchte man eine unmöglich riesige Menge an Energie, um etwas so zu beschleunigen, dass es schneller wird als das Licht. Die meisten Wissenschaftler sind also überzeugt, dass so etwas unmöglich ist. Wenn wir also nicht schneller als Licht reisen können, dann können wir auch keine Reisen in die Vergangenheit unternehmen. Natürlich könnte es andere Möglichkeiten geben. Einige Physiker haben vorgeschlagen, wir könnten Schwarze Löcher oder Wurmlöcher im Weltraum benutzen, um von einem Ort zum anderen zu kommen – oder sogar von einer Zeit zur anderen.* Wenn man das genauer ausrechnen will, werden die Theorien ziemlich verrückt. Aber es scheint zumindest möglich.

Zeitreisen sind also möglich? Wir wissen nur noch nicht, wie es geht ...

Wahrscheinlich sind sie nicht möglich.

Häh? Warum denn nicht?

Ganz einfach: Falls wir es eines Tages herausfinden werden, dann müssten wir ja jetzt schon mal was davon mitbekommen.

Was?! Das ist doch totaler Quatsch!!

Ich weiß. Zeitreisen verursachen echte Knoten im Kopf. Und in der Sprache auch.

---

* Mehr über Schwarze Löcher steht in »Was ist ein Schwarzes Loch und was würde passieren, wenn ich in eins davon hineinfiele?« (Seite 46).

Falls jemand in der Zukunft eine Zeitmaschine erfindet und die Menschen in der Zeit zurückreisen würden . . . dann müssten wir so einen Menschen schon mal getroffen haben. Falls es Zeitreisende geschafft hätten, in unsere Zeit zurückzureisen, dann wären sie jetzt hier. Und dafür gibt es keinerlei Anhaltspunkte. Also ist Zeitreisen entweder unmöglich oder es ist möglich, aber man kann nur vorwärts – in die Zukunft – reisen. Oder ein bisschen rückwärts . . . aber nicht so weit zurück bis in unsere Zeit.

Ahhh! Das ist total verrückt!
Es wird noch schlimmer. Was würde passieren, wenn du in die Vergangenheit reisen und deine Eltern umbringen würdest (aus Versehen oder mit Absicht)? Dann würdest du gar nicht hier sein. Aber wenn du nicht existieren würdest, dann hättest du auch gar nicht erst in die Vergangenheit reisen und deine Eltern töten können.

Hör auf! Mein Hirn kocht!
Ja, weil das eine Situation ist, die sich selbst widerspricht – ein *Paradox*. Es sieht so aus, als könnte es klappen, aber das tut es nicht – es ist unmöglich. Wegen solcher Schwierigkeiten sagen viele Wissenschaftler, dass Zeitreisen einfach nicht möglich sind. Sie widersprechen der Logik. Aber das tun viele andere Sachen, an die die Wissenschaftler glauben, auch. Zum Beispiel wie Elektronen sich verschränken oder an mehreren Orten gleichzeitig existieren und . . .

Genug! Das reicht!
Okay, gut. Wir reden später weiter. Oder vielleicht früher . . .

Neiiiiiiiiiiiiiiiiiiiiiiiin!!!

Werden wir bald richtige 3-D-Filme, 3-D-Fernseher und 3-D-Videospiele haben?

Ziemlich sicher, ja. Aber es ist noch zu früh, um zu sagen, wie lange das noch dauern wird oder wie gut sie sein werden. Wenn man jedoch berücksichtigt, was wir heute an Technologie schon haben, könnten wir mit Sicherheit bereits in naher Zukunft in diesen Genuss kommen.

Gibt es nicht schon Hologramme und anderes 3-D-Zeug?
Ja, so was in der Art, leider jedoch sind die 3-D-Sachen, die wir haben, nicht besonders raffiniert. *Hologramme,* also flache Bilder, die dreidimensional wirken, gibt es schon seit 1947. Doch in den letzten 60 Jahren hat es niemand geschafft, sie in bewegte Bilder für 3-D-Filme umzuwandeln. Es gibt natürlich 3-D-Filme. Aber fast alle sind nur 2-D-Projektionen, die zusammen mit polarisierten Brillen (oder mit denselben rot-grünen Brillen wie schon in den Fünfzigern) die Wirkung eines 3-D-Bildes erzeugen. Einige davon sind überzeugender als andere, aber keiner ist ein echter 3-D-Film.

Was ist mit 3-D-Fernsehen?
Davon wird auch schon lange geredet. Kurz nachdem die Farbfernseher die ersten Schwarz-Weiß-Geräte ersetzt hatten, dachten die Leute, dass der 3-D-Fernseher nicht mehr weit weg ist. Leider hat es in den letzten 40 oder 50 Jahren niemand geschafft, einen zu bauen. Aber es könnte bald anders werden.

Warum?

Nach jahrelangem Warten und vielen Fehlversuchen glauben Wissenschaftler jetzt, es könnte weniger als zehn Jahre dauern, bis wir einen holografischen Fernseher haben. Ein Team von amerikanischen Wissenschaftlern hat herausgefunden, wie sie ein bewegtes, holografisches 3-D-Bild mithilfe von mehreren Schichten aus LCD-Bildschirmen (LCD bedeutet »liquid crystal display«) projizieren können. Das Hologramm würde von hinten durch die Bildschirme projiziert werden und du würdest davorsitzen und ein Fußballspiel verfolgen, bei dem der Ball scheinbar echt im Gehäuse hin und her hüpft.

Krass. Da freu ich mich drauf. Und was ist mit Videospielen? Es gibt ja schon Spiele mit »virtueller Realität«, stimmt's?

Tja, wie bei »3-D« hängt es wieder davon ab, was du mit »virtueller Realität« meinst. Im Moment sind selbst die besten VR-Spiele nicht so gut, um uns tatsächlich glauben zu machen, selbst mittendrin im Spiel zu sein. Die Bilder haben zu wenig Oberflächen- und Lichteffekte und sie wackeln ruckartig, sodass der Eindruck, man sieht etwas Wirkliches, wieder zerstört wird. Man kann zwar etwas sehen und hören, aber es fehlen Gerüche. Und das größte Problem ist, dass du nichts anfassen kannst. Oder zumindest kannst du nicht nach etwas greifen und die Sachen, die du siehst, zwischen deinen Fingern spüren. All das verhindert, dass du total in das Spiel und seine virtuelle Wirklichkeit eintauchst. Und das wäre eigentlich das Ziel von virtueller Realität.

Wie würde »echte« virtuelle Realität denn aussehen?

Du solltest besser fragen, wie sie sich *anfühlt* – denn das ist der große Unterschied: Tastempfinden. In echter, virtueller Realität wäre die virtuelle Welt um dich herum nicht nur fast fotorealistisch, sondern du könntest die Dinge auch anfassen und nach ihnen greifen. Bei einigen VR-Spielen wird bereits versucht, Berührung zu simulieren: Man zieht spezielle Handschuhe und eine Brille an, die Bilder zeigt. Die Handschuhe enthalten kleine Stifte oder Polster, die gegen die Haut drücken, um das Gefühl von Berührung zu erzeugen. Ingenieure nennen das »haptische Rückmeldung«. Die Idee dabei ist, dass man das Gefühl bekommt, wirklich etwas zu berühren, wenn man mit dem Handschuh nach einem Gegenstand im Bild greift, weil der Handschuh gegen die Hand drückt, sobald du die Hand zum Greifen schließt. Aber diese Effekte sind immer noch sehr grob und es fühlt sich längst noch nicht realistisch an. Sie werden in den nächsten Jahren sicher verbessert werden.

Echte virtuelle Wirklichkeit müsste also perfekt sein? Wie eine genaue Kopie von dem, was man im echten Leben sieht?
Nein, ganz und gar nicht. Das ist wahrscheinlich unmöglich zu erreichen, auch mit den besten Computerprogrammen und -bildern nicht.

Es müsste nur gut genug sein, um dem Gehirn eine Wirklichkeit vorzutäuschen. Wie eine optische Täuschung, aber eben rund um dich herum und für alle deine Sinne.

Wäre das nicht ein bisschen seltsam und unheimlich?
Vielleicht. Aber würde dich das davon abhalten, es auszuprobieren?

Auf keinen Fall!
Dachte ich mir's doch.

Werden Computer, Mobiltelefone und MP3-Geräte in Zukunft immer kleiner werden?

Ziemlich sicher, ja. Computer werden eines Tages vielleicht in ein Stück Stoff in deiner Kleidung eingenäht sein. Musikgeräte und Mobiltelefone werden direkt in dein Ohr passen. Möglicherweise wirst du eine Armbanduhr tragen, in die alle drei Geräte eingebaut sind. Alles, was wir zuerst noch brauchen, ist eine »kleine« Änderung in der Technik.

Cool! Glaubst du echt, dass all das passieren wird?
Unbedingt. Schau dir doch mal an, wie weit wir schon sind. In den 1940ern hat ein Computer noch ein ganzes Zimmer ausgefüllt. In den 60ern passte er immerhin schon auf einen Schreibtisch und Ende der 80er hatten die meisten Schulen und Büros PCs, also »Personal Computer«, auf jedem Schreibtisch. Bis zum Jahr 2000 hatten wir Laptops, die auf den Schoß passen, und Palmtops, die gerade so groß wie die Handfläche sind. Und es gab Mobiltelefone, die ihre Vorgänger aus den 90ern wie Ziegelsteine aussehen ließen.

Wenn wir es also innerhalb der letzten 60 Jahre geschafft haben, von Zimmergröße zu Handtellergröße zu kommen, wer weiß, wie klein Computer in den nächsten 60 Jahren werden? Vielleicht haben wir dann daumengroße Laptops oder die Computer sind so winzig wie kleine Punkte – so klein, dass man sie kaum sieht.

Und warum können wir sie jetzt noch nicht so klein machen?
Tatsächlich können wir das schon und es wurde auch schon

gemacht. IBM hat eine einfache Computerschaltung gebaut, die weniger als 20 Nanometer (also weniger als 20 Millionstel eines Millimeters) breit ist. Technisch gesehen ist das der kleinste Computer der Welt. Für sich allein ist er zwar nicht sehr nützlich, aber er zeigt, dass wir kurz davor sind, Computer in winzigem Maßstab zu bauen. Wenn wir mehr darüber herausfinden, wie man atomgroße Teile baut und sie zu Schaltkreisen zusammenfügt (oder sogar Atome selbst verwendet), können wir so kleine Computer bauen, wie wir wollen.

Andererseits sind wir im Moment immer noch durch die Bedienungsgeräte beschränkt. Also durch Dinge wie Tastatur oder Maus, mit denen wir die elektronischen Geräte steuern. Deshalb werden Computer zurzeit auch nicht kleiner als handgroß gebaut. Denn wie sollte man dann die Tasten bedienen, wenn sie kleiner wären?

Man könnte sie doch so bauen, dass man mit ihnen sprechen kann.

Ja, das wäre eine Möglichkeit. Aber bis jetzt gibt es noch keine Programme, die die menschliche Sprache wiedererkennen. Eine andere Idee ist, eine projizierte Tastatur zu verwenden. Das heißt das Bild einer Tastatur wird von einem winzigen Gerät auf eine Fläche, zum Beispiel den Schreibtisch oder die Wand, projiziert. Das Gerät würde dann mit Infrarotsensoren die virtuellen Tasten erkennen, die du drückst. Dann könntest du Programme auswählen oder Botschaften verschicken, selbst wenn das Gerät kleiner als dein Finger ist. Sobald wir herausfinden, wie wir all diese Technologien nutzen können, wird es richtig spannend ...

Wie zum Beispiel? Was können wir dann machen?

Wer weiß? Einige Wissenschaftler sagen voraus, dass Computer so klein und billig herzustellen sein werden, dass man Hunderte oder Tausende von Nanocomputern an seiner Kleidung tragen wird. Also sozusagen Computer, die man sich anziehen kann. Sie könnten deinen Herzschlag und dein Hormonniveau messen, deine Gefühle erkennen und dir bei alltäglichen Schwierigkeiten weiterhelfen, indem sie dir Vorschläge machen, was du tun könntest. Sie würden dir beispielsweise sagen, dass du eine Pause brauchst oder wie du den Weg zu deinem Freund, einer Imbissbude oder zur Toilette findest.

Also ich weiß nicht. Das klingt ein bisschen unheimlich. Wie würden sie mir das alles denn sagen?
Vielleicht mithilfe eines Kommunikationsgeräts an deinem Handgelenk. Es wäre ein Mobiltelefon, ein MP3-Spieler, eine digitale Videokamera und ein Internet-Browser – alles in einem. Irgendwann würde das Gerät eventuell sogar einen holografischen Bildschirm haben,* der ein 3-D-Bild über deinem Handgelenk in die Luft wirft, das ein paar Zentimeter groß ist.

Das klingt ziemlich cool. Man könnte also mit dem Ding am Handgelenk sprechen und gleichzeitig Musik hören? Das würde doch komisch aussehen . . .
Vielleicht. Oder dein Nano-Mobil-MP3 wäre so klein, dass du es in deinem Ohr tragen könntest. Also nicht nur die Kopfhörer, sondern das ganze Gerät. Winzige Mikrofone würden die Schwingungen deiner Stimme durch deinen Schädel aufnehmen. Du müsstest also nie »den Hörer abnehmen«, um ans Telefon zu gehen – du würdest einfach losreden. Und dein stimmgesteuerter MP3-Spieler könnte dir den ganzen Tag de-

* Diese Art von Bildern gibt es zwar noch nicht, aber wir stehen wahrscheinlich kurz vor ihrer Entwicklung. Lies mehr dazu in »Werden wir bald richtige 3-D-Filme, 3-D-Fernsehen und 3-D-Videospiele haben?« (Seite 223).

zent deine Lieblingsmusik ins Ohr dröhnen (oder sogar in beide Ohren). Wenn das ganze System dann noch an die Computer in deiner Kleidung angeschlossen wäre, könnten auch deine Freunde durch die Ohr-Implantate mit dir sprechen.

Wow! Jetzt wird es aber wirklich unheimlich. Ich hätte dann sozusagen Stimmen im Kopf . . .
. . . oder das Bild für deinen Internet-Browser könnte in besondere Brillengläser oder Kontaktlinsen geleitet werden. Botschaften und Informationen aus deinen Computern würden vor deinen Augen erscheinen und dir Orte, Leute oder Produkte zeigen, die dich interessieren könnten.

Oh, na super. Jetzt sehe ich sogar Sachen, die gar nicht da sind? Weißt du was? Danke. Nein, danke. Ich bleib lieber bei meinem PC und meinem iPod.
Wie du willst. Aber glaub mir, diese Dinge werden groß rauskommen in Zukunft. Oder besser gesagt . . . sehr, sehr winzig rauskommen . . .

Wird in Zukunft alles mit Solarenergie angetrieben werden?

Nur wenn wir eine bessere Möglichkeit finden, die Energie der Sonne zu nutzen. Der große Nachteil von Sonnenenergie ist, dass sie nachts nicht funktioniert, also muss man die Energie vom Tag irgendwie speichern. Aber wenn wir das lösen könnten, hätten wir eine saubere, sichere und beinah unerschöpfliche Energiequelle für das tägliche Leben.

Aber es gibt doch schon Motoren, die mit Solarenergie angetrieben werden. Zum Beispiel Uhren und Taschenrechner.
Das stimmt. Aber das sind nur kleine Geräte, die nicht viel Strom brauchen. Damit eine Solaruhr auch bei Dunkelheit funktioniert, muss man nur wenig Energie speichern.

Können wir die Solarbatterien für Autos, Häuser und andere Sachen nicht einfach größer machen?
Das können wir und das wird auch schon gemacht. Man kann zum Beispiel Solarplatten für das Hausdach kaufen und damit Heizung und Licht betreiben. In Australien findet jedes Jahr ein Solarautorennen für Nachwuchsingenieure statt. Aber diese »Solarflitzer« sind viel kleiner und leichter als normale Autos und können nur eine Person transportieren. Grundsätzlich ist Solarstrom nicht so gut geeignet, um große Motoren wie in Autos, Bussen oder Zügen anzutreiben, die sehr viel Energie verbrauchen.

Und warum funktioniert das nicht?
Na ja, es funktioniert schon. Aber es ist nicht wirksam genug,

um die Riesenmenge Strom zu produzieren, die man – auf einen Schlag – für solche großen, schweren Maschinen oder Fahrzeuge braucht. Man kann die Energie natürlich in Batterien speichern. Aber der Strom wird schneller verbraucht, als man sie nachladen kann.

Warum?

Zum einen, weil die Solarzellen, die man zur Umwandlung von Sonnenenergie in Strom verwendet, nicht sehr effizient sind: Sie nehmen nur etwa 15 Prozent der Energie aus dem Sonnenlicht auf, das sie trifft. Wenn es anhaltend sonnig wäre, würde das vielleicht ausreichen – aber das Wetter ändert sich ja dauernd. Viele Länder bekommen zum anderen einfach nicht genug Sonnenlicht ab, um Sonnenenergie einzusetzen. Und selbst an sehr sonnigen Orten wird das Sonnenlicht blockiert, wenn Wolken am Himmel stehen. Und außerdem gibt es natürlich nachts auch kein Sonnenlicht. (Die Pole sind zwar monatelang ohne Unterbrechung der Sonne ausgesetzt, aber dort ist es dann auch monatelang am Stück dunkel.) Das bedeutet, man muss den Strom irgendwie speichern, damit man ihn später oder an einem anderen Ort nutzen kann. Und wenn man den Strom umwandelt, um ihn zu speichern, beispielsweise in Form von chemischer Energie für eine Batterie, verliert man Energie. Letzten Endes bekommt man also einfach nicht so viel Energie, wie man bräuchte.

Dann bringt uns die Sonnenenergie ja überhaupt nichts.

Das habe ich nicht gesagt. Du kannst mit Sonnenenergie sehr viele Sachen antreiben, aber eben nicht alles. Die meisten Dinge im Haushalt zum Beispiel funktionieren mit Solarplatten auf dem Dach. Aber wenn man eine ununterbrochene Stromversorgung braucht, ist immer noch eine zusätzliche andere Stromquelle nötig, also etwa ein Stromnetz, das aus

Kernenergie oder konventionellen Kraftwerken (Kohle- oder Erdölverbrennung) gespeist wird.

Vielleicht werden wir irgendwann in der Zukunft so weit sein, die Sonnenenergie von der Seite der Erdkugel, auf der gerade Tag ist, in ein weltweites Stromnetz einzuspeisen und damit die andere Seite, auf der gerade Nacht ist, mit Energie zu versorgen. Bis dahin hängen wir immer noch von kleinen, lokalen Stromnetzen ab, die alle mit Kohle, Erdöl oder Kernkraft versorgt werden.

Was im Prinzip das Aus für die Sonnenenergie ist. Stimmt's?
Stimmt. Aber wir können auch heute schon Sonnenenergie als Ergänzung unserer regulären Stromversorgung einsetzen. Und wenn man Solarenergie zum Beispiel mit dem Strom aus Windmühlen kombiniert, hat man ein umweltfreundliches Haus.

Aber das ist noch keine Lösung für Autos und Flugzeuge . . .
Nein. Wir brauchen also eine ganz neue Art, die Sonnenenergie zu nutzen. Statt alles mit Solarplatten zu pflastern, brauchen wir eine effiziente Technik, um mithilfe von Solarenergie einen neuen Supertreibstoff zu gewinnen – zum Beispiel Wasserstoff. Dann hätten wir saubere, mit Wasserstoff betriebene Autos, Züge und Flugzeuge, die statt schmutziger Abgase Wasserdampf ausstoßen. Und wir hätten die Chance, über Wasserstofftreibstoff alles indirekt mit Sonnenenergie anzutreiben.

Wäre das echt möglich?
Absolut. Wenn du's dir überlegst, ist eigentlich jetzt schon alles von Sonnenenergie angetrieben. Du, ich, Katzen, Hunde, Bäume, Pilze, Autos, Flugzeuge – du kannst selber weitermachen.

Häh? Wie das?

Tja, es ist doch so: Unser Körper bekommt seine Energie aus dem Essen und benutzt Wasser und Sauerstoff, um die Energie aus dem Essen zu holen und zu speichern, bis wir sie brauchen. Aber sagen wir mal, wir essen einen Hamburger – wo kommt dann die Energie im Essen her?

Äh . . . von dem Rind?

Genau. Das Rind hat aus den großen Grasmengen, die es gefressen hat (bevor es zum Burger wurde), Energie gewonnen und gespeichert. Und wo kam die Energie im Gras her?

Von der Sonne?

Bingo! Das Gras nutzt die Sonnenenergie, um zu wachsen. Das bedeutet also, dass Menschen, Tiere und Pflanzen alle ihre Energie aus der Sonne bekommen. Wir nutzen diese Energie dann, um Autos und Flugzeuge zu bauen. Und wir nutzen diese Energie auch, um nach Erdöl zu bohren, um das Benzin für die Fahrzeuge zu gewinnen. Und das Erdöl wiederum hat seine Energie aus Milliarden von abgestorbenen Pflanzen und Tieren erhalten, die unter der Erde zusammengepresst wurden. So gesehen sind unsere Fahrzeuge heute schon mit Sonnenenergie angetrieben!

Wow. So hab ich das noch nie gesehen.

Deshalb gibt's die Wissenschaft, Kumpel!

Wird uns irgendwann der Strom ausgehen?

Vielleicht, vielleicht auch nicht. Wir werden wahrscheinlich Strom erzeugen können, solange wir ihn brauchen. Aber wie wir ihn erzeugen, ist das Problem. Es bringt nicht viel, wenn wir genügend Licht und allerlei elektronischen Schnickschnack haben, aber dann durch die Benutzung dieser Dinge den Planeten zerstören.

Wir können also ewig Strom erzeugen? Warum sollen wir dann dauernd Energie sparen?
Ob uns der Strom ausgeht oder nicht, hängt von zwei Dingen ab: Wie viel wir verbrauchen und wie viel wir erzeugen. Die meisten von uns haben wenig Kontrolle darüber, wie viel (oder wie) Strom erzeugt wird, aber wir können steuern, wie viel wir verbrauchen.

Andererseits verbrauchen die meisten von uns heute viel mehr Strom als noch vor 30 oder 40 Jahren. Und weil sich die Technik weiterentwickelt und eine immer größere Rolle in unserem Leben spielt, werden wir vermutlich in Zukunft noch mehr Energie verbrauchen.

Also wird es irgendwann nicht mehr genug geben?
Na ja, lass uns mal überlegen. Wo kommt dein Strom her?

Äh . . . aus der Steckdose.
Richtig. Und wie kommt er da rein?

Er wird über die großen Strommasten draußen zu uns geleitet.
Und wie kommt er in die Strommasten?

Äh . . . aus irgendeinem Kraftwerk.
Und was passiert da?

Na ja . . . sie verbrennen irgendwas oder benutzen irgendwelche Atomsachen . . . und dann kommt Rauch raus . . . und sie machen Strom.
Richtig. Mehr oder weniger. Der Stoff, den sie verbrennen, ist normalerweise entweder Erdgas, Kohle oder Erdöl. Sie verbrennen das, um riesige Wassertanks aufzuheizen und Wasserdampf zu erzeugen. Der Dampf treibt dann eine Reihe von *Turbinen* an (sie sehen aus wie große Propeller oder Ventilatorblätter), die mit einem Generator verbunden sind. Dort wird die Bewegung der wirbelnden Turbinen in Strom umgewandelt.

Bei einem Kernkraftwerk wird die Hitze aus zwei nuklearen Brennstäben gewonnen, die man zusammenbringt. Diese Hitze bringt Wasser zum Kochen, dabei entsteht Wasserdampf, der treibt die Turbinen an und man hat wiederum Strom.

Das Problem ist, dass die Kohle-, Erdöl- und Erdgasvorräte langsam zur Neige gehen. Außerdem trägt das Verbrennen dieser Rohstoffe wahrscheinlich zum Treibhauseffekt bei, der die Erderwärmung auslöst.* Und obwohl wir mit nuklearen Brennstoffen wahrscheinlich genügend Strom erzeugen könnten, kann der Atommüll, der dabei entsteht, die Umwelt schädigen.

Aber was ist mit Solarenergie und Windkraft? Könnten wir die nicht stattdessen benutzen?
Du hast recht. Solar- und Windenergie sind nicht nur sicherer für die Umwelt, sondern auch ziemlich unerschöpflich; es ist unwahrscheinlich, dass uns irgendwann der Wind oder das

* Lies mehr dazu in »Wird die Erde wirklich immer wärmer? Und: Ist das so schlimm?« (Seite 96).

Sonnenlicht ausgehen. Aber diese Energien hängen natürlich von windigen bzw. sonnigen Tagen ab. Mit keiner dieser Stromarten alleine könnten wir genügend Strom erzeugen und speichern. Andererseits gibt es noch weitere erneuerbare Energiequellen, wie Wellen-, Gezeiten- oder Wasserkraft. Falls wir auch dann noch Strom haben wollen, wenn Kohle, Erdöl und Erdgas verbraucht sind, müssen wir die nutzen. Vor allem falls wir auf Kernenergie verzichten wollen.

Was ist also die Antwort? Welche Energie ist die beste?

Es gibt nicht die einzig wahre Methode. Jedes Land muss wahrscheinlich eine Kombination aus unterschiedlichen Methoden zur Energiegewinnung einsetzen. Je nachdem was am besten zu seinem Klima und seinem Energieverbrauch passt. Europäische Länder mit Küste wie Großbritannien, Frankreich oder Deutschland könnten zum Beispiel Wind-, Wellen-, Solar- und Wasserkraft benutzen, während die sonnigen afrikanischen Länder allein mit Solarenergie auskommen könnten.

Aber im Moment müssen wir wahrscheinlich nach wie vor Erdgas, Erdöl, Kohle- und Kernkraftwerke nutzen, bis die Technologie für erneuerbare Energien verbessert ist. Denn allein mit Wind- und Sonnenenergie könnten wir den heutigen Strombedarf nicht decken.

Auch nicht mit einer Million Windkrafträder und Sonnenkollektoren?

Dann vielleicht schon. Aber es würde sehr viel Geld kosten (und noch viel mehr Energie), sie zu bauen. Und nicht jeder möchte so was auf oder neben seinem Haus haben. Ich denke, das muss jeder für sich selbst entscheiden.

Ich werde in einer Höhle leben und überhaupt keinen Strom verbrauchen.

Hey – das hat vielleicht bei unseren Vorfahren in der Steinzeit funktioniert. Aber denk an deine PlayStation . . .

Werden Polizisten und Soldaten in Zukunft Laserpistolen haben?

Könnte sein. Es gibt bereits Laserwaffen, aber sie sind weder billig noch verlässlich oder leicht genug, um sie zu benutzen. Letzten Endes ist die einzige sichere Waffe, überhaupt keine Waffe zu haben ...

Es gibt schon Laserpistolen? Wie im Film?

Na ja, nicht wirklich. Im Film werden die Leute mit »Laserstrahlgewehren« abgeknallt, deren Lichtblitze wie Kugeln durch die Luft fliegen. In Wirklichkeit wäre das unmöglich: Die Photonen (oder Lichtteilchen) in einem Laserstrahl bewegen sich in Lichtgeschwindigkeit. Das ist so schnell, dass man die Bewegung nicht mehr erkennen kann. Entweder bildet der Strahl eine ungebrochene Linie vom Laser zum Ziel (dann ist er an) oder man sieht ihn gar nicht (dann ist er aus). Aber ein Laserstrahl bewegt sich nie als gepunktete Linie, Strich oder Blitz.

Okay, okay. Aber man kann damit trotzdem Leute brutzeln, stimmt's?

Eigentlich sind die meisten Laser, die wir jeden Tag verwenden, nicht besonders gefährlich – außer sie treffen unsere Augen. Selbst Schneidelaser, wie man sie in der Laser-Chirurgie verwendet, wirken nur über recht kurze Entfernungen. Als Langstreckenwaffe würden sie nichts taugen. Laser werden *in Kombination mit* Pistolen verwendet, um kleine Punkte auf das Ziel zu richten und damit das Zielen zu erleichtern. Aber bis jetzt wurde noch kein Laser verwendet, um durch die Luft auf Menschen zu schießen.

Warum nicht?

Weil es dabei verschiedene Probleme gäbe.

Das erste ist die Energie. Laser wandeln Strom in konzentrierte Lichtstrahlen um – aber sie sind dabei nicht besonders effizient. Das heißt, sie brauchen sehr viel Strom, also riesige Batterien.

Das zweite ist die Überhitzung. Eben weil Laser nicht sehr effizient arbeiten, wird viel von dem Strom, den sie brauchen, als Hitze verschleudert, anstatt in Licht umgewandelt zu werden. Das bedeutet, man muss sie abkühlen, damit sie sich nicht überhitzen. Das wiederum gelingt nur mit großen elektrischen Ventilatoren oder Kühlsystemen. Alles in allem ergibt eine große Batterie plus ein großes Kühlsystem eine riesige Lasermaschine. Man könnte sie so klein machen, dass sie auf ein Fahrzeug passt, aber sie wäre viel zu schwer, um sie in der Hand zu tragen.

Okay, gut. Aber man könnte trotzdem große Laserkanonen auf Jeeps setzen und damit einen Panzer oder so verbrutzeln, stimmt's?

Könnte man schon. Aber man könnte keine Kanone bauen, die so stark ist, dass sie einen Panzer »verbrutzeln« kann. Und selbst wenn, dann müsste man direkt neben dem Panzer stehen, um ihn zu zerstören. (Eine etwas gefährliche Taktik, schätze ich.) Das hängt mit einem anderen Problem der Laserkanonen zusammen, und zwar dem *»Ausblühen«*.

Ausblühen?

So nennt man es, wenn ein Laser Energie an die Luft abgibt und er sein Ziel nicht mehr genau trifft. Wenn der Laserstrahl durch die Luft geht, heizt er nicht nur sein Ziel auf, sondern auch die Luft um ihn herum. Dadurch verwandelt sich die Luft in Plasma (oder superheißes Gas). Je mehr Luft der Laserstrahl durchschießen muss, desto mehr Energie verliert er. Nach ein paar Metern und ein paar Sekunden ist der Laser also nicht mehr gut.

Aber du hast gesagt, es gibt schon Laserwaffen. Was sind das für welche?

Eine Laserwaffe, die noch getestet wird, ist der Elektrolaser. Der ist klein und leicht genug, um ihn auf dem Rücken zu tragen. Der Elektrolaser macht sich das »Aufblühen« zunutze, anstatt es zu vermeiden. Er schießt als Erstes einen Strahl durch die Luft und erzeugt so ein Plasmaband, das zum Ziel führt. Dann schickt er Starkstrom durch das Plasma (das viel besser leitet als die normale Luft) und setzt das Ziel mit einem Stromschlag außer Gefecht.

Außerdem gibt es das »Active Denial System« (ADS) der amerikanischen Luftwaffe. Das ist ein Strahlengerät auf einem Fahrzeug, mit dem man Menschenmassen zur Flucht zwingt. Aber es ist eigentlich kein Laser – es sendet Mikrowellen aus, die das Wasser in der Haut aufheizen und damit schmerzhafte Blasen und Schwellungen auslösen. Beide Waffen können schwach oder heftig eingestellt werden, sodass man entweder juckende Haut bzw. einen schwachen Stromschlag oder schwere Verbrennungen bzw. einen ernsthaften Stromschlag davonträgt.

Hast du deswegen gesagt, dass sie ungefährlicher als normale Waffen sein könnten?

Ja, nicht ungefährlich, aber weniger gefährlich. Normale Pistolen und Gewehre sind tragbare Handfeuerwaffen. Sie feuern Stücke aus schwerem Material, normalerweise Blei, ab, die in das Ziel eindringen oder durch es durchgehen. Man kann das nicht verschieden scharf einstellen, Kugeln können nicht »nur« betäuben.

Es wäre also besser, wenn alle nur noch Laserwaffen hätten?
Es wäre besser, wenn wir überhaupt keine Waffen mehr hätten. Aber wenn ich die Wahl hätte, würde ich, glaube ich, lieber durchleuchtet als erschossen werden. Zumindest so lange bis Laserwaffen gefährlicher werden!

Werden wir irgendwann auf dem Mond und auf anderen Planeten leben?

Auf dem Mond zu leben ist möglich, aber ohne Luft, Nahrung und Wasser würde es nur unter großem Aufwand zu bewerkstelligen sein. Auf anderen Planeten gibt es vielleicht Luft und Wasser – oder wir könnten dort sogar Luft und Wasser herstellen –, aber wir müssten erst einmal dorthinkommen. Selbst wenn wir also auf einem anderen Planeten leben könnten, müsste man immer zuerst fragen, lohnt sich der Aufwand?

Warum ist es denn so schwierig?
Tja, wir Menschen können eben nicht überall leben. Die meisten Orte sind nicht gut für uns, Mond und Mars inbegriffen.

Warum nicht?
Weil das Leben auf der Erde die letzten 4,5 Milliarden Jahre damit zugebracht hat, sich an diesen Planeten anzupassen und auf ihm zu überleben. Würdest du das Ergebnis aus dieser ewig langen Entwicklung (die Pflanzen, Tiere und Menschen) nehmen und alles irgendwo andershin verfrachten, dann bekämen wir höchstwahrscheinlich große Probleme.

Was für Probleme?
Ich gebe dir ein paar Beispiele. Unsere empfindlichen Körper haben sich unter dem Druck der Atmosphäre entwickelt und sind von der immer gleichmäßig starken Erdanziehungskraft geprägt. Nimm uns und steck uns irgendwohin, wo weniger

Druck herrscht – wir explodieren. Zu viel Druck und wir implodieren. Zu viel Anziehungskraft? Wir können uns nicht mehr bewegen. Zu wenig Anziehungskraft? Unsere Muskeln verkümmern.

Dann wären da noch Temperatur und Atemluft. Menschen müssen eine stabile Körpertemperatur von etwa 37°C haben, um gesund zu bleiben. Nur ein paar Grad mehr oder weniger und wir sterben an Unterkühlung oder Überwärmung. Außerdem sind wir zum Atmen auf Sauerstoff angewiesen. Aber wenn die Luft zu viel oder zu wenig davon enthält, sterben wir an Sauerstoffmangel oder Sauerstoffvergiftung.

Wow! Ich wusste gar nicht, was wir für Weicheier sind. Wir brauchen also gute Luft, Erdanziehungskraft und die richtigen Temperaturen?
Korrekt.

Und wie sieht's damit auf dem Mond aus? Oder auf dem Mars?
Ich fürchte, nicht gut. Du würdest auf keinem der beiden Party machen wollen, glaub mir. Der Mond hat gar keine Atmosphäre und die Atmosphäre auf dem Mars kann man höchstens »schlecht« nennen (etwa 96% giftiges Kohlenstoffdioxid). Dazu hat der Mars auch nur ein Drittel der Anziehungskraft der Erde und die Temperaturen reichen von 20°C bis zu tödlichen −140°C. Auf dem Mond herrschen Temperaturen von wahnsinnig heißen 130°C bis runter zu mörderisch kalten −170°C. Und er hat nur ein Sechstel der Anziehungskraft der Erde. Das sind also beides nicht gerade die Top-Urlaubsregionen.

Und was ist mit anderen Planeten? Können wir nicht einen finden, der so ähnlich wie die Erde ist, und dort hinziehen?
Am ersten Teil dieser Aufgabe arbeiten wir bereits. Die Suche nach erdähnlichen Planeten dauert schon eine Weile an. Der

Kepler-Satellit der NASA wird die Sonne für 4 Jahre umrunden und weit entfernte Sterne nach Zeichen für erdähnliche Planeten in der Nähe absuchen. Ihm wird der »Terrestrial Planet Finder« (also der »Erdplanetensucher«) folgen – ein riesiges Teleskop, das im Weltraum zu einem ähnlichen Zweck gebaut wurde. Die Chancen, dass wir mit diesen beiden Mitteln einen erdähnlichen Planeten finden, stehen gut. Aber dorthin zu reisen, wird der schwierigere Teil der Aufgabe sein.

Warum das? Wäre er zu weit weg?

Ja, im Grunde schon. Auch die Reise zu einem nahe gelegenen Planeten außerhalb unseres Sonnensystems würde Hunderte von Jahren dauern. Solange wir also keine deutlich schnelleren Raumschiffe entwickeln, hängen wir hier fest. Falls wir unbedingt die Erde verlassen müssten, könnten wir andere Planeten innerhalb unseres Sonnensystems ansteuern, zum Beispiel den Mars, und dort versuchen, eine künstliche, erdähnliche Umgebung zu schaffen. Die ersten Pioniere könnten vielleicht eine Überlebensstation oder eine Kuppel bauen, die dann von den Neuankömmlingen erweitert wird. Aber auch das wäre nicht einfach. Abgesehen von der großen Entfernung (der Mars ist über 70 Millionen Kilometer weit weg und man bräuchte 9 Monate, um dorthin zu reisen), gäbe es ein ernsthaftes Gewichtsproblem. Allein schon mit den Leuten und genügend Treibstoff, Essens- und Wasservorräten für Hin- und Rückflug wäre das Raumschiff zu schwer, um zu starten. Und dann hat man noch nicht mal die Baumaterialien für die Station an Bord.

Wir würden es also nicht mal bis zum Mars schaffen?

Na ja, wir könnten es vielleicht schaffen, wenn wir das Raumschiff im Weltraum bauen würden. Oder wenn wir aus dem Wasser und dem Kohlendioxid auf dem Mars Methantreibstoff für den Rückflug gewinnen könnten. Aber die eigentliche Frage ist doch: Wenn es so schwierig ist, auf den Mars zu gelangen und ihn bewohnbar zu machen, ist es den Aufwand dann wirklich wert? Dasselbe gilt natürlich für andere, weiter entfernte Orte. Nur in diesen Fällen wäre das ganze Unternehmen noch schwieriger, weil man sie noch schwerer erreicht.

Was glaubst du?

Ich würde sagen, im Moment lohnt es sich nicht. Aber falls sich die Lebensbedingungen auf der Erde ändern, falls sie zum Beispiel zu überbevölkert, zu verschmutzt oder zu heiß werden würde, dann müsste man darüber nachdenken. Bis dahin hätten wir hoffentlich eine Lösung für das Transportproblem gefunden, sodass wir nicht Monate oder Jahre für die Reise brauchen würden. Aber vorerst werde ich, glaube ich, mal zu Hause bleiben. Und außerdem – heute Abend gibt's Fußball im Fernsehen . . .

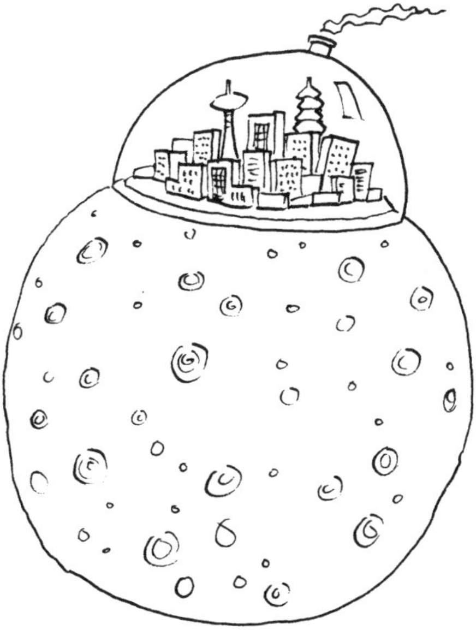

Wie wird die Schule der Zukunft aussehen?*

Keine Lehrer? Keine Klassen? Vielleicht gehst du noch in ein Gebäude, aber jeder wird seine eigenen Fächer lernen. Vielleicht gehst du auch gar nicht mehr zur Schule. Eins ist sicher – Schule wird ganz anders sein als heute.

Keine Lehrer?! Das klingt perfekt! Aber wie würden wir ohne Lehrer etwas lernen?

Du selbst würdest das Lernen steuern, mithilfe von Online-Bibliotheken, Lernhelfern und Erfahrungen.

In herkömmlichen Klassenzimmern wartet man darauf, dass der Lehrer einem sagt, was er oder sie weiß, man schreibt es auf und versucht, sich das zu merken, falls man später abgefragt wird. In den Klassenzimmern der Zukunft werden die Lehrer nicht mehr die Hüter des Wissens sein. Denn das Wissen wird so anwachsen, dass einzelne Lehrer nicht mehr ausreichen. Dafür wirst du in virtuellen Bibliotheken Informationen über jedes mögliche Thema finden können. Und falls du eine spezielle Frage hast, könnten dir die weltbesten Professoren und Lehrer bei der Antwort helfen.

Aber woher würden wir wissen, was wir genau für Tests und Prüfungen lernen sollen?

Dafür gäbe es Lehrer, Lernleiter oder Lernhelfer. Sie würden dir Lernziele setzen und Aufgaben stellen, die du meistern müsstest. Aber sie würden dir keine Fragen stellen und erwar-

* Die Vision der zukünftigen Schule und Erziehung, die in diesem Abschnitt entworfen wird, ist stark angelehnt an den Aufsatz »Are we getting smarter?« von Roger C. Shank (aus der Sammlung *The next 50 years*, John Brockmann (Ed.), Phoenix Books, 2002).

ten, dass du die richtigen Antworten rauszwitscherst. Stattdessen würden sie einfach ein Thema vorgeben und dein Part wäre es, Fragen und Antworten selbst herauszufinden. Außerdem würden Tests und Prüfungen natürlich auch anders aussehen.

Wie?

Es ginge weniger um Fragen und Antworten, sondern mehr um Problemverständnis, Beschreibung von Erfahrungen und Umgang mit Herausforderungen. Oder aber es gäbe gar keine Prüfungen mehr. Es könnte auch sein, dass du eine Klasse abschließt, indem du für die Erfahrungen, die du gemacht hast, virtuelle Leistungsabzeichen sammelst.

Also, wenn man alleine lernen und das Internet als Informationsquelle nutzen könnte, warum sollte man dann überhaupt noch zur Schule gehen?

Vielleicht würdest du gar nicht mehr zur Schule gehen. Vielleicht wäre es auch möglich, zu Hause zu bleiben. Aber ich glaube, die meisten Leute würden trotzdem ganz gerne gehen. Denn Schule ist ja mehr als nur der Ort, wo man Wissen anhäuft.

Zum Beispiel?

Auch wenn du alleine lernst, bräuchtest du Anleitungen und Vorschläge von Lehrern. Außerdem kann man in der Schule Freunde treffen, Sport treiben und in verschiedenen Klubs Mitglied sein. Natürlich könntest du all das auch online machen. Aber du würdest den ganzen Spaß verpassen, den man hat, wenn man Leute von Angesicht zu Angesicht trifft und sich in der echten Welt körperlich austobt. Garantiert würdest du freiwillig zur Schule gehen – und nicht, weil du musst.

Alles klar! Ich bin total dafür. Wenn man also in die Schule ginge, wären die Leute dort dieselben, nur das Lernen wäre anders?
Nicht unbedingt. Die Schule könnte anders sein, als du sie kennst. Also die Schüler werden nicht mehr in Gruppen aufgeteilt sein, die alle das Gleiche zur gleichen Zeit lernen. Stattdessen könnte eine Klasse 30 oder 40 Schüler haben, die alle etwas anderes studieren, jeder in seinem Tempo. Womöglich könnte die einzige Gemeinsamkeit ihr Wohnort sein. Es würde also eher eine Art Gemeindeschule sein, wo alle aus derselben Nachbarschaft zusammen hingehen.

Das klingt cool. Aber würde das echt funktionieren? All dieses »Erfahrung statt Pauken«-Gedöhns?
Viele Lern- und Bildungsprofis glauben das. Und sie bekommen von einigen der größten Genies der Geschichte Unterstützung. Galileo Galilei, der berühmte italienische Astronom, Physiker und Philosoph, sagte einmal: »Man kann einem Mann nichts beibringen; man kann ihm nur dabei helfen, es in sich selbst zu entdecken.« (Lebte er heute, würde er das sicher für Mädchen und Jungen gleichermaßen gelten lassen.)

Der ebenfalls sehr kluge deutsche Wissenschaftler Albert Einstein folgte dem ein paar Jahrhunderte später mit der Empfehlung: »Die einzige Wissensquelle ist die Erfahrung.«

Okay, ich bin dabei. Wann kann ich loslegen?
Auf der Stelle. Egal, wo du zur Schule gehst oder welche Prüfungen dir bevorstehen, wie du lernst, ist immer noch deine Sache. Also, leg los – und viel Spaß dabei!

Register

Jürgen Teichmann / Katja Wehner

Die überaus fantastische Reise zum Urknall

Astronomie von Galilei bis zur Entdeckung der Schwarzen Löcher

1609, vor genau 400 Jahren, richtete Galileo Galilei sein Fernrohr auf den Himmel – der Beginn einer unglaublich aufregenden Entdeckungsreise in die Weiten des Weltraumes! Jürgen Teichmann erzählt von den spektakulärsten Entdeckungen der Weltallforscher, von Pulsaren, Quasaren, gefräßigen Schwarzen Löchern, Galaxien, Roten Riesen, dem Echo des Urknalls und warum die Farbe eines Sternes vielleicht seine Geschwindigkeit verraten kann. Astronomie – spannender als jeder Krimi!

Arena

152 Seiten. Gebunden.
ISBN 978-3-401-06392-8
www.arena-verlag.de

Allgemeinbildung

Allgemeinbildung
978-3-401-05445-2

Naturwissenschaften
978-3-401-05571-8

Große Persönlichkeiten
978-3-401-05722-4

Der große Kulturführer durch Geschichte, Kunst und Wissenschaft
978-3-401-05810-8

Übersichtlich und verständlich geschrieben bietet die Reihe »Allgemeinbildung« unverzichtbares Wissen aus den verschiedensten Bereichen. Ob Geschichte, Literatur, Naturwissenschaften, Kunst oder wichtige Persönlichkeiten, die »Allgemeinbildung« ist das zuverlässige Nachschlagewerk in jedem Bücherregal.

Arena

Jeder Band:
Gebunden.
www.arena-verlag.de